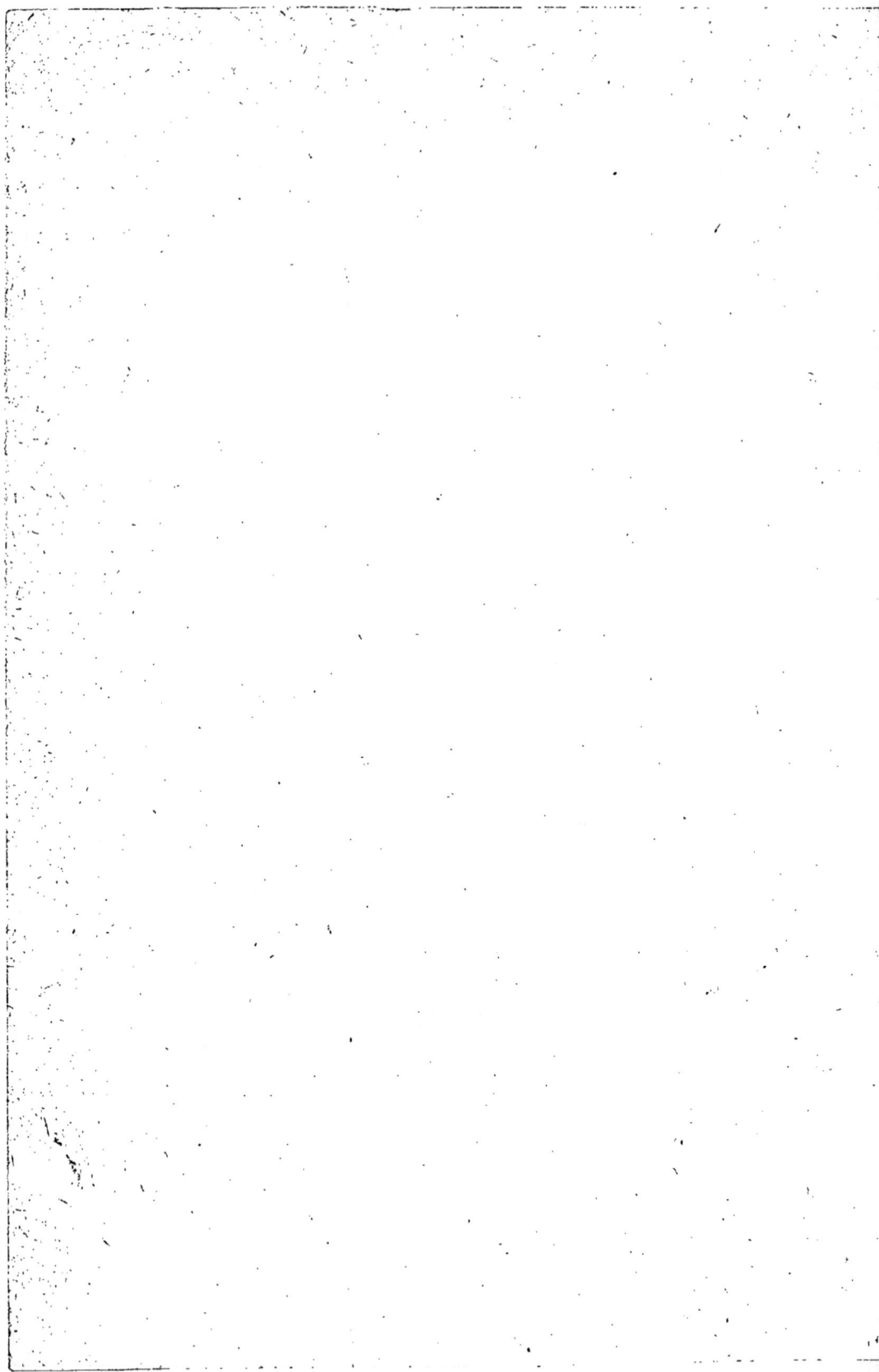

LE

B. AYRALD

Chanoine régulier et non Chartreux

AVANT SON ÉPISCOPAT

RÉPLIQUE

A M. LE CHANOINE TRUCHET

ET AU

RÉVÉREND PÈRE BOUTRAIS

Coadjuteur à la Grande-Chartreuse

PAR

M. LE CHANOINE TREPIER

Aumônier de l'Hôpital militaire de Chambéry.

Amicus Plato...
magis amica veritas.

2221

CHAMBÉRY

IMPRIMERIE CHATELAIN, SUCCESSEUR DE F. PUTHOD
4, AVENUE DU CHAMP-DE-MARS, 4

1886

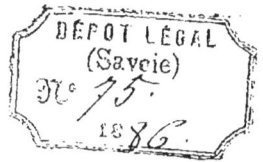

LE

B. AYRALD

Chanoine régulier et non Chartreux

AVANT SON ÉPISCOPAT

RÉPLIQUE

À M. LE CHANOINE TRUCHET

ET AU

RÉVÉREND PÈRE BOUTRAIS

Coadjuteur à la Grande-Chartreuse .

PAR

M. LE CHANOINE TREPIER

Aumônier de l'Hôpital militaire de Chambéry.

Amicus Plato...
magis amica veritas.

CHAMBÉRY

IMPRIMERIE CHATELAIN, SUCCESSEUR DE F. PUTHOD

4, AVENUE DU CHAMP-DE-MARS, 4

—

1886

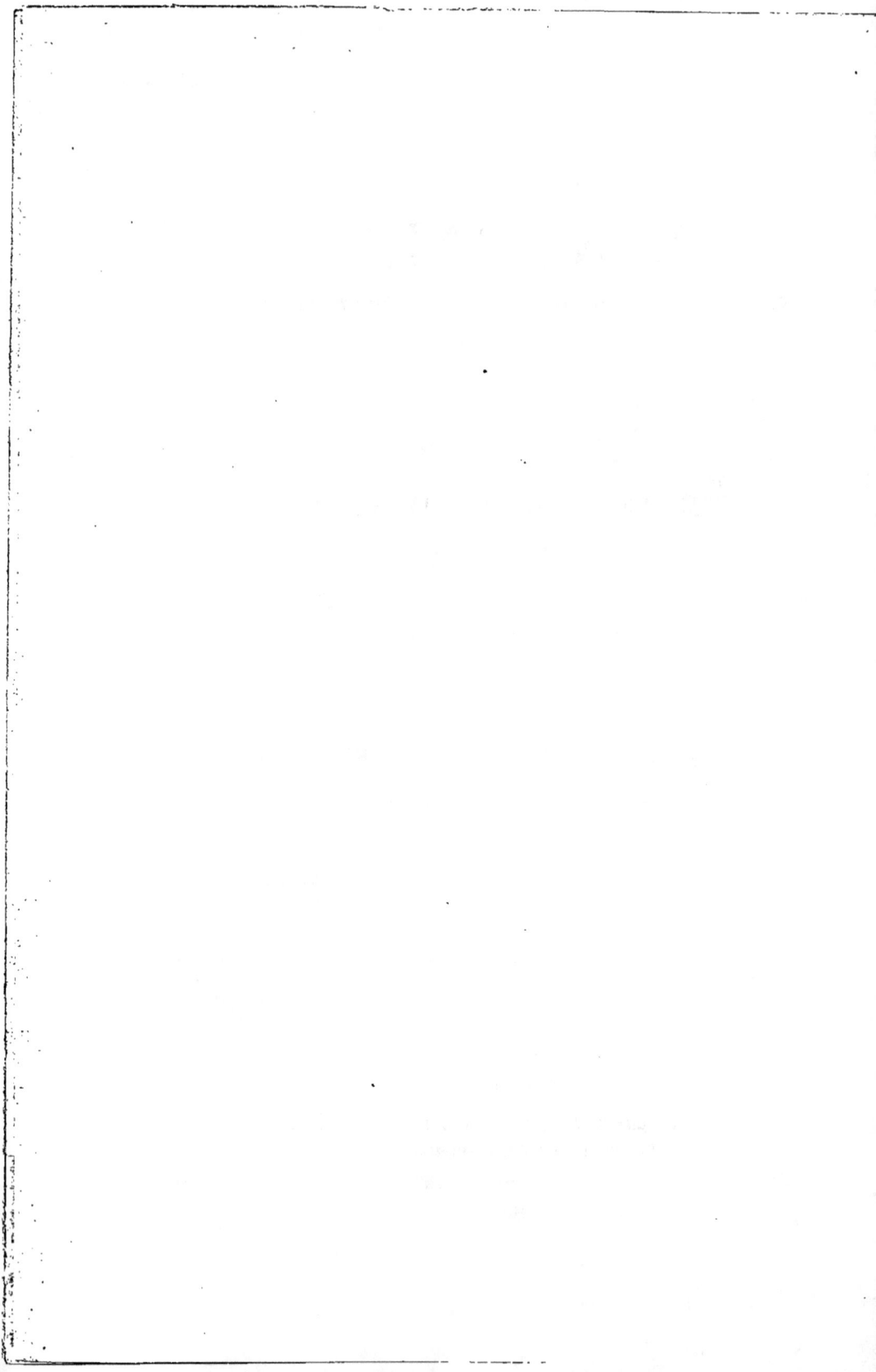

AVANT–PROPOS

Etait-il opportun, était-il même nécessaire de répondre aux deux Brochures dans lesquelles avait été successivement prise à partie votre thèse, au sujet de l'état de vie du Bienheureux Ayrald avant son épiscopat ?

Telle est la question qui m'était posée de divers côtés.

Quelques-uns de mes amis inclinaient vers la négative.

D'autres, plus nombreux et des mieux placés, ont été d'un avis différent. Connaissant les petites menées et les agissements déjà employés une première fois pour entraver la publication, dans les *Recherches sur le Décanat*, de l'article où il était dit que le B. Ayrald avait été *chanoine régulier* et non *chartreux* avant son épiscopat ; ceux-ci ont pensé qu'il n'était pas bon de laisser l'erreur s'imposer ainsi de haute lutte, quand on a en main les moyens de lui barrer le passage ; et que, à une nouvelle insistance, il fallait une nouvelle réponse.

J'ai cru devoir me ranger à leur avis. C'est la raison d'être de la présente *Réplique*.

LE B. AYRALD

Chanoine régulier et non Chartreux

AVANT SON ÉPISCOPAT

RÉPLIQUE

A

M. LE CHANOINE TRUCHET

ET AU

RÉVÉREND PÈRE BOUTRAIS

Coadjuteur à la Grande-Chartreuse.

Dans le chapitre des *Recherches historiques sur le Décanat de Saint-André de Savoie* consacré aux doyens de Saint-André, j'avais dû spécialement étudier, sous le paragraphe II, le plus connu et le plus illustre d'entre eux, le doyen Ayrald, qui devait être, plus tard, évêque de Maurienne.

J'y affirmais à la suite de Guigues-le-Chartreux, avec preuves à l'appui, qu'Ayrald n'avait jamais été chartreux avant son épiscopat ; mais qu'il avait été seulement chanoine régulier, doyen de Saint-André de Savoie ou archiprêtre de Saint-Hugues son ami, et trente ans son collaborateur dans la gestion des affaires ecclésiastiques du diocèse de Grenoble ; je soutenais, en outre, que s'il était, une fois ou une autre, devenu momentanément chartreux profès, ce ne pouvait être que *pendant* ou *après* son épiscopat..

1

Ce paragraphe m'a valu de nombreuses contradictions ; les unes verbales, d'autres manuscrites et d'autres imprimées. Je dois dire que je les prévoyais, et même que je les appelais de mes vœux ; la contradiction et la discussion devant avoir pour résultat final de mettre en lumière plus évidente la vérité historique, but des efforts de tout chroniqueur ou historien impartial.

J'ai répondu de vive voix aux contradictions verbales, à mesure qu'elles se produisaient.

Les contradictions manuscrites n'ont trait qu'à la partie secondaire et accessoire de ma thèse. Elles me sont venues de quelques amis de diocèses voisins, à qui j'avais adressé le premier volume des *Recherches*, aussitôt après sa publication. A peine en avaient-ils pris lecture, qu'ils m'exprimèrent leurs sentiments dans une série de lettres, visiblement concertées entre eux. Je me contenterai de reproduire, sous un Ier chapitre, leurs arguments, qui ne paraissent point sans valeur ; laissant au lecteur le soin d'en apprécier le mérite et le bien fondé. Seulement, pour éviter les redites et faire disparaître les bigarrures de style, je condenserai et réduirai sous forme d'une lettre unique la diversité de leurs correspondances. Mais si la forme définitive est, en partie, de moi ; le fond leur appartient à peu près tout entier. Peu importe d'ailleurs la forme ; c'est le fond et les arguments qui sont tout, en semblable matière ; et si je ne les donne pas tous, je donne du moins ceux dont la solidité m'est apparue plus convaincante. Le lecteur jugera si le choix est bon.

Les contradictions imprimées visent et combattent, bien que diversement, ma thèse principale sur l'état de vie du B. Ayrald avant son épiscopat.

La première a paru un an après les *Recherches*. C'est une brochure, en 36 pages, de M. le chanoine Truchet, vice-président de la *Société d'histoire et d'archéologie de Maurienne*.

La deuxième a paru en mai 1880. C'est une autre brochure, en 50 pages, de dom Cyprien-Marie Boutrais, coadjuteur à la Grande-Chartreuse.

Dans deux autres chapitres suivants, je les examinerai et discuterai, sinon dans tous leurs détails, ce qui demanderait des volumes, du moins dans leurs traits les plus saillants. Et j'espère que de cet examen ressortira, de plus en plus évidente pour tout lecteur impartial, la preuve de la vérité de cette proposition déjà formulée et démontrée dans les *Recherches sur le Décanat* :

Le B. Ayrald n'avait jamais été chartreux avant son épiscopat. Il avait été chanoine régulier, ami et trente ans collaborateur de saint Hugues de Grenoble, en qualité d'archiprêtre ou doyen de Saint-André de Savoie.

Voici d'abord, légèrement condensés dans un chapitre Ier, les principaux arguments des correspondants contradicteurs du point secondaire ou accessoire de ma thèse, sur l'entrée d'Ayrald à la Chartreuse de Portes, *après* son élévation à l'épiscopat.

CHAPITRE PREMIER

Ayrald ne paraît avoir été chartreux profès ni avant ni après son élévation à l'épiscopat ; il a seulement été chartreux *assimilé* ou *affilié*. La qualification de moine, *monachus*, que lui donnent certains obituaires, ne doit pas toujours être prise dans le sens de moine profès. Elle désigne parfois simplement, selon Du Cange et divers statuts cartusiens, un étranger à l'ordre admis au monachat ou à la participation de ses prières, *ad monachatum*, ou *in fratrem vel monachum receptus*. Au lecteur de juger, d'après l'ensemble des circonstances, en quel sens l'expression *monachus* doit être prise. Motifs de croire qu'elle doit être prise ici dans le sens de moine *assimilé*, ou d'étranger admis à la participation de prières, *ad monachatum receptus*. — I. Ces admissions en faveur des amis ou bienfaiteurs d'un Ordre n'étaient pas rares ; exemple de Jean de Sassenage, évêque de Grenoble, admis au *monachat* par les chartreux d'Aillon, en 1203. — II. Ayrald fut l'ami et le bienfaiteur de la chartreuse de Portes. — III. La qualification de bienfaiteur d'un ordre ou d'une maison est donnée aux étrangers à l'ordre, et non à ceux qui en font partie.— IV. — Ayrald n'est désigné sous le titre de moine profès de Portes dans aucune charte de cette Maison. — Il ne l'est pas même dans son Obituaire. — VI. Enfin, il n'est désigné comme tel dans aucun document cartusien antérieur au xvie siècle.

De ces diverses circonstances il semble résulter, pour nos érudits correspondants, qu'Ayrald n'a jamais été chartreux profès, avant, ni pendant, ni après son épiscopat ; d'où il suit que la qualification de moine, *monachus*, donnée à Ayrald par les obituaires, leur paraît devoir être prise dans le sens de moine *assimilé* ou *affilié*. — L'opinion de nos correspondants et les motifs lui servant de base laissés à l'appréciation du lecteur. Insertion de l'une et des autres en tête de la double *Réplique* aux brochures de nos contradicteurs.

Pourquoi cette *Réplique* est à peine nécessaire : M. Truchet établit la première partie de ma thèse et combat la seconde ; le père Boutrais établit ou prouve la seconde et combat la première. Ils se contredisent et se réfutent réciproquement. Il me suffirait presque de les opposer l'un à l'autre. Mieux vaut, cependant, me charger de donner complète réponse et pleine satisfaction à M. le chanoine Truchet dans un chapitre IIe, et au Révérend Père Boutrais, dans un IIIe chapitre.

..... Nous avons reçu et lu avec autant de plaisir que de profit le Ier volume de vos *Recherches historiques* sur le Décanat de Savoie. Parmi les innombrables sujets que vous y avez élucidés, il en est un auquel vous savez que nous nous intéressons vivement; c'est celui qui concerne le doyen de Saint-André, Ayrald, devenu ensuite évêque de Maurienne, et décédé dans le second quart du XIIe siècle.

Les textes de Guigues-le-Chartreux et des Cartulaires de saint Hugues à la main, vous avez prouvé que, avant de monter sur le siège épiscopal de Maurienne qu'il occupa quatorze ans, Ayrald non seulement n'avait jamais été chartreux, mais qu'il avait été chanoine régulier et, trente années durant, collaborateur de saint Hugues en qualité de son archiprêtre ou, ce qui revient absolument au même, en qualité d'archiprêtre ou doyen de Saint-André de Savoie.

C'était là, nous le savons, votre principale et même votre unique thèse, comme vous le dites très bien aux pages 346-53-54 ; et nous sommes parfaitement d'accord avec vous à son sujet. Mais il est un autre point, secondaire il est vrai, sur lequel vous nous permettrez de n'être pas entièrement de votre avis. C'est lorsque vous admettez, avec dom C. Le Coulteux, qu'Ayrald est devenu chartreux profès de Portes *après* son élévation à l'épiscopat.

Nous croyons et nous espérons prouver qu'il n'a jamais été chartreux profès, ni à Portes, ni ailleurs ;

mais qu'il a seulement été chartreux *affilié* ou *assimilé*, ayant part, comme tel, aux prières et suffrages des chartreux ; de la même manière que les tierçaires, ou tertiaires de certains Ordres ont part aux prières et suffrages de quelques maisons religieuses, tout en restant dans le monde.

Après avoir cité, à la suite de Le Coulteux, l'épitaphe d'Ayrald et les passages des trois obituaires de Meyria, d'Arvières et de Lyon, où notre bienheureux est qualifié de moine et d'évêque... *monachus episcopus...*, ou de moine de Portes et évêque de Maurienne, *monachus Portarum, episcopus Maurianensis*, vous regardez, avec lui, comme suffisamment établi, par ces quatre textes, qu'Ayrald a été, une fois ou une autre, véritable moine, véritable religieux profès à Portes... *aliquando fuisse vitam cartusiensem professum.* Et comme vous avez clairement démontré, ailleurs, qu'il n'avait jamais été chartreux de Portes *avant* son élévation à l'épiscopat, vous en concluez qu'il n'a pu l'être *qu'après*.

Votre conclusion serait en effet inattaquable et sans réplique possible, si le mot latin *monachus*, ou *monachi*, n'était susceptible que d'une seule acception ; mais il est susceptible de plusieurs. Sans doute il est plus souvent pris dans le sens de véritables moines, de moines qui ont fait réellement profession de la vie religieuse. Mais il est pris aussi, parfois, dans le sens de personnages étrangers à l'Ordre, *extranei* ou *laïci*, que les religieux, chartreux ou autres, admettaient comme frères ou comme moines... *in fratres... vel in fratres et monachos*, à la participation de leurs prières, pénitences et autres bonnes œuvres.

C'est ce que Du Cange explique très bien dans son *Glossaire de moyenne et basse latinité*. De l'expression *monachatus*, il renvoie au mot *fraternitas*, sous lequel on lit, au n° 5 : *Fraternitas de laïcis dicitur qui in participationem orationum suffragiorum et beneficiorum monachorum ab iis admittebantur ; qui in fratres, vel in fratres et monachos recipi dicuntur apud Eckehardum......* *Vill. Thorn...* etc. De là vient, ajoute-t-il, que cette fraternité est appelée *monachat* dans les anciens statuts des chartreux : *Hinc monachatûs nomine donatur ejusmodi fraternitas in statutibus antiquis cartusiensibus...* où il est dit *(parte 1ᵃ cap.* 49, § 15) : il a été statué que le monachat ne serait accordé à aucun étranger, sans l'autorisation du chapitre; *statutum est ut extrancis non detur monachatus, nisi de licentia capituli.*

La même défense est renouvelée, en termes analogues, soit dans les statuts de 1368, soit au chapitre 43, §§ 24, 25 et 26 de l'*Ordinarium cartusiense*, contenant la 1ʳᵉ partie de la nouvelle collection des statuts de l'Ordre [1].

Le bénéfice du monachat était concédé aux amis et bienfaiteurs, *amicis et benefactoribus*, de l'Ordre tout entier ou simplement de l'une de ses maisons, dont le prieur et la communauté étaient heureux de pouvoir ainsi témoigner leur reconnaissance pour les bienfaits reçus. Mais la facilité avec laquelle furent d'abord concédés ces monachats finit par les multiplier tellement, qu'ils devinrent bientôt, pour l'Ordre, une très-lourde charge. C'est pourquoi la faculté d'en accorder de nouveaux ne tarda pas à être expressément réservée au chapitre général, ou au général lui-même.

Encore ne pouvaient-ils en user qu'en faveur de personnages considérables, auxquels l'Ordre entier eût des

---

[1] Lyon, Claude Cayne, 1641.

obligations évidentes et perpétuelles... *Et capitulum, sive R. Pater, talia extraneis beneficia non concedat, nisi forsan personis tantis ac talibus quibus totus ordo esset evidentissimè et in æternùm obligatus* (Ibid. cap. 43 § 24).

Par le seul fait de son admission, tout étranger admis au monachat avait droit, comme s'il avait été religieux profès, à plusieurs prières et suffrages, parmi lesquels un *tricenarium* (célébration de 30 messes après son décès, pour le repos de son âme) et un anniversaire perpétuel, qui devait toujours être inscrit aux calendriers conventuels, ou obituaires, de la, ou des maisons, dans lesquelles il était accordé... *anniversarium perpetuum in Kalendariis conventualibus... domorum describendum* (Ibid. cap. 39 §§ 1 et 2). Aussi, chaque Chartreuse était-elle rigoureusement tenue d'avoir un calendrier conventuel, ou obituaire, de ce genre : *quælibet domus ordinis debet habere Kalendarium conventuale, in quo illi describantur sub die obitûs sui, qui in illâ domo habent anniversarium perpetuum.* (Ibid. cap. 37, § 1).

Or en inscrivant son anniversaire perpétuel dans l'obituaire, rien ne devait paraître plus naturel, et ne devait être plus ordinaire, que de donner à celui qui était favorisé d'un monachat... *qui erat in monachum receptus*, la qualification de moine, bien qu'il n'eût, en réalité, jamais fait profession de la vie religieuse.

De ce qu'un personnage est qualifié moine, *monachus*, dans un ou plusieurs obituaires, on n'a donc pas toujours le droit de conclure qu'il a réellement été religieux profès. Il peut très bien avoir été simplement admis au monachat *in fratrem vel monachum receptus*, et n'être devenu que moine *assimilé* ou *affilié*.

C'est au lecteur à juger, par l'ensemble des circonstances, s'il y a des motifs sérieux pour prendre l'expression *monachus* dans ce dernier sens, plutôt que dans l'autre. Hé bien ! nous croyons qu'il y en a plusieurs, et de fort plausibles, pour attribuer le dernier sens à la qualification *monachus*, donnée à l'évêque Ayrald dans les textes des obituaires de Meyria, d'Arvières et de l'église de Lyon ; ou, en d'autres termes, pour soutenir qu'Ayrald n'a jamais été chartreux profès ; mais qu'il est seulement devenu moine *assimilé*, le jour où il a été admis au monachat, *in monachum receptus*, en qualité d'ami et de bienfaiteur.

Ces motifs principaux sont au nombre de six :

I

Les admissions au monachat étaient assez fréquentes. On en pourrait citer de nombreux exemples. Vous en citez vous-même un bien frappant lorsque vous dites, à la page 106 de vos *Recherches*. « ... Jean Ier de Sassenage (évê- « que de Grenoble de 1164 à 1220), alla faire à la Char- « treuse d'Aillon, en 1203, une visite durant laquelle il « fut si touché de la sainteté du lieu et de la piété des « religieux... *sane religione loci commotus*, qu'il les « supplia de lui accorder, au jour et à tous les anniver- « saires de sa mort, *les mêmes prières qu'à un religieux* « *profès*. Sa demande fut accueillie favorablement ; et, en « reconnaissance, il leur donna, sur une dîme qu'il avait « acquise à Francin, un muid de vin pur destiné à être « servi chaque année à toute la maison, au jour anniver- « saire de son décès. »

Puisque « sa demande fut accueillie », c'est donc qu'il

obtint le droit à ce monachat plein, *ad monachatum plenum*, dont jouissaient toujours les moines profès ; et, par là même, le droit à un anniversaire perpétuel et aux autres suffrages qui leur étaient invariablement acquis, d'après les coutumes ou les statuts de l'Ordre. L'anniversaire de Jean de Sassenage était en effet inscrit à l'obituaire de la Chartreuse d'Aillon, sous la date du III des Nones de janvier (3 janvier).

II

On accordait le monachat aux amis et bienfaiteurs, *amicis et benefactoribus*, de l'Ordre ou d'une Chartreuse spéciale. Qu'Ayrald ait été l'ami et le bienfaiteur des chartreux, on n'en saurait douter. Besson affirme nettement (page 287), « qu'il fit beaucoup de bien aux chartreux. » D'autres auteurs [1] l'affirment également, sans nous dire, il est vrai, plus que lui, sur quelle autorité s'appuie leur affirmation. Par les bienfaits auxquels font allusion ces auteurs, peut-être faut-il entendre des bienfaits personnels et directs dont la connaissance ne nous est pas parvenue, puisqu'ils ne les précisent pas. Peut-être aussi faut-il entendre simplement l'influence efficace qu'Ayrald mit au service de la Chartreuse de Portes pour lui faire confirmer, entre ses propres mains et celles de Hugues II, par Antelme de Bennonce [2], en 1135, la

---

[1] Il faut compter, parmi eux, le vénéré et regretté prieur de Sélignat, Dom Ildefonse Roguet : page 42 de la minute de son *Mémoire* sur Ayrald, adressé autrefois à la *Congrégation des Rites*.

[2] Les seigneurs de Benonce (ou Bennonce) avaient pris ou donné leur nom à la paroisse de Benonce, sur le territoire de laquelle est située la Chartreuse de Portes.

donation déjà consentie antérieurement, en faveur de cette Chartreuse, par le même Antelme de Bennonce ou Mennonce, *Nantelmus* de *Mennuncio*, dont Ayrald avait autrefois obtenu, pendant qu'il était encore doyen de Saint-André, la restitution des dîmes de Myans et de Chacusard [1].

L'estime et l'affection d'Ayrald pour l'Ordre cartusien sont d'ailleurs confirmées par la visite solennelle qu'il fit à Portes en 1135, en compagnie de l'évêque de Grenoble, Hugues II, du doyen de Saint-André, Gérald, et d'autres personnes encore. Ayrald était donc bien dans les conditions voulues de bienfaiteur et d'ami pour être admis au monachat, *in monachum receptus;* et il le fut probablement à l'occasion de cette visite à Portes, comme Jean de Sassenage devait l'être en 1203, à l'occasion de sa visite à la Chartreuse d'Aillon.

III

Mais il y a plus ; sa qualification de bienfaiteur des chartreux (de la Chartreuse de Portes, si l'on veut) montre bien qu'il n'en était pas religieux profès. On donne, en effet, le titre de bienfaiteur d'un Ordre ou d'une maison à ceux qui sont étrangers à l'Ordre, ou à la maison ; et non à ceux qui en sont membres, ou qui en font partie, même quand ils lui apporteraient des biens ou d'autres avantages considérables. C'est là un sérieux et puissant motif de plus de penser que, au lieu d'avoir été moine profès de Portes, il y a été simplement admis au monachat. En voici un autre.

[1] *Recherches*, p. 84, note 65.

IV

Si Ayrald était devenu chartreux profès de Portes après son élévation à l'épiscopat, ou après son abdication, *post adeptum sive abdicatum episcopatum*, pour nous servir des expressions de Le Coulteux, il y aurait séjourné de « deux à trois ans au plus », ou au moins « durant quelques mois », comme vous le dites à la page 362. De ce qu'il ne figure, en qualité de moine profès, dans aucune charte des cartulaires de cette maison, vous concluez avec raison (p. 342) qu'il n'y a jamais été religieux avant son épiscopat. Nous en concluons nous, non pas avec autant de rigueur peut-être, puisque, dans l'hypothèse que vous combattez, il y aurait passé un certain nombre d'années, sans compter le temps du noviciat, *aliquot post professionem annis elapsis*, et que, dans celle-ci, il y aurait passé un temps moins long ; mais nous en concluons, toujours avec une certaine assurance, qu'il n'a pas plus été chartreux de Portes après son élévation à l'épiscopat, qu'il ne l'avait été auparavant.

Pour tous ces motifs, la qualification de moine donnée à Ayrald dans les obituaires de Meyria, d'Arvières et de Lyon nous paraît devoir être entendue, non dans le sens de moine proprement dit, de moine profès ; mais dans le sens de moine *assimilé*, ou d'étranger à l'Ordre, *laïcus vel extraneus*, admis au monachat, *in monachum receptus*.

V

S'il fallait, en faveur de cette interprétation, sinon une preuve rigoureuse, du moins une forte présomption de plus, on la trouverait dans ce fait qu'Ayrald, qu'on voit mentionné sous le titre de moine, dans les obituaires d'Arvières, de Meyria et de Lyon, n'est mentionné, sous ce titre dans aucun des actes et documents anciens de la Chartreuse de Portes, pas plus dans son obituaire ou calendrier conventuel, que dans ses Cartulaires [1].

Toutefois, si on conçoit, jusqu'à un certain point, que, même dans le cas où Ayrald aurait été moine profès à Portes, durant un très petit nombre de mois ou d'années, il ne figure pas cependant sous le titre de moine dans les cartulaires de la maison ; on ne conçoit plus qu'il ne figure pas, sous un titre ou sous un autre, dans l'obituaire ou calendrier de cette maison, soit qu'il y eût été réellement moine profès, soit qu'il y eût été simplement admis au monachat. Car, s'il est vrai, comme nous le disions plus haut, qu'un étranger admis au monachat dans une maison avait, par le seul fait de son admission, droit à un anniversaire qui était toujours inscrit à l'obituaire de la maison ; un moine profès jouissait, à plus forte raison, de ce droit ; et son anniversaire devait plus sûrement encore être inscrit à l'obituaire de la Chartreuse dans laquelle il avait fait profession ; et non seulement à l'obituaire de cette chartreuse, mais à ceux de toutes les églises et de toutes les maisons religieuses qui avaient fait avec elle une association de prières. *Quilibet monachus professus habet plenum monachatum ab omnibus monachis... domûs suæ professionis, et domorum associatarum... et anniversa-*

---

[1] Ayrald figure une fois, à la vérité, dans une charte des cartulaires de Portes datée de 1135, mais sous le titre d'évêque de Maurienne, *Ayraldus Maurianensis episcopus* (ce qu'il était en effet depuis 1132) et non sous le titre de moine, ce qu'il n'avait encore jamais été.

rium perpetuum in Kalendariis dictarum domorum des-
cribendum (cap. 43, § 7).

Ainsi, soit qu'Ayrald eût réellement fait profession à la
Chartreuse de Portes, soit qu'il y eût été simplement
admis au monachat, dans l'une et l'autre hypothèse, il
avait également droit à un anniversaire perpétuel qui, de
toute nécessité, a dû être inscrit à l'obituaire que sa maison,
comme toutes les autres, était rigoureusement tenue
d'avoir toujours. Bien plus, l'article nécrologique d'Ayrald
aura, suivant l'usage, certainement reçu, dans l'obituaire,
des développements et pris une extension en rapport avec
l'importance du personnage, ses grandes vertus, et les
bienfaits dont l'Ordre des chartreux lui était redevable.

C'est donc l'obituaire de Portes qui aurait dû surtout
fournir à dom Le Coulteux les renseignements précis dont
il avait besoin pour déterminer d'une manière plus péremptoire encore, l'état de vie d'Ayrald, avant, pendant et
peut-être même après son épiscopat. Et pourtant lui,
qui va demander au loin des renseignements sur Ayrald,
lui, qui cite son épitaphe et les textes des trois obituaires
de Lyon, d'Arvières et de Meyria, ne cite pas, que nous
sachions, un seul mot de l'obituaire de Portes. Pourquoi
ce silence inexplicable, ou du moins, encore inexpliqué ?

Pourquoi ? Évidemment parce que dom Le Coulteux n'a
jamais pu avoir sous les yeux l'obituaire, ou tout au moins
le feuillet de l'obituaire de Portes qui renferme l'article
nécrologique d'Ayrald.

S'il n'a jamais pu mettre la main sur cet obituaire, ce
n'est sûrement pas faute de l'avoir cherché et réclamé ;
car il a passé une partie de son temps à visiter et compul-
ser de nombreuses archives, et surtout celles des maisons·
de son Ordre, afin de recueillir les documents dont il avait

besoin pour composer ses *Annales*. Comment donc et pourquoi l'obituaire tant désiré a-t-il échappé à ses minutieuses recherches et à ses regards, pourtant si perçants ?

Comment et pourquoi ? Nous n'en savons rien. Tout ce que nous savons, c'est qu'il existait certainement cet obituaire, puisque chaque Chartreuse était tenue d'avoir le sien. Et non seulement il existait ; mais il est presque impossible de supposer qu'un titre si important pour l'histoire de l'Ordre, ne se soit pas trouvé, en original ou en copie à la Grande-Chartreuse, au nombre des documents que le général dom Innocent Masson y avait fait venir de Portes pour suppléer aux titres et documents que les incendies multipliés de la maison mère pouvaient avoir fait périr dans les flammes. Les documents envoyés de Portes à la Grande-Chartreuse y étaient encore lors du passage des bénédictins, Martène et Durand, entre 1709 et 1713 [1].

Ce que nous savons encore, c'est que, s'il avait été donné à Le Coulteux de jeter les yeux sur l'article nécrologique d'Ayrald inséré à l'obituaire de Portes, il n'aurait pas manqué de le citer, quelles qu'eussent pu en être la signification et la portée pour ou contre sa thèse, lui, l'historien consciencieux et véridique par excellence, dont le Bollandiste Papebrock se plaisait à célébrer la haute et loyale impartialité [2].

Enfin, ce que nous savons encore, c'est que la manière de voir de Le Coulteux sur divers points historiques et, en particulier, sur certains détails de la vie de sainte Roseline, et sur l'état de vie d'Ayrald avant son épiscopat, contra-

---

[1] Voir la page 252 de leur *Voyage littéraire*. Paris, 1717.
[2] Bollandistes, XI juin, *Vie de sainte Roseline*. Préface, n° 8.

riait fort celle de dom Le Vasseur, auteur sans critique
des *Ephémérides cartusiennes*, et celle d'autres historiens
de son Ordre, aussi ses contemporains ; battait en brèche
et ruinait l'opinion émise à cet égard dans certaines biographies trop fantaisistes et trop récentes (comme vous le
dites, page 338 et suiv. des *Recherches*) et répandues alors
à profusion chez les chartreux et ailleurs. On assure même
(ceci entre nous) que, précisément à cause de cette diver-
gence d'opinion, hautement exprimée, dom C. Le Coulteux
se serait vu retirer non point l'estime et la considération,
que son impartialité, sa critique judicieuse, sa vaste éru-
dition et son incontestable talent d'historien savaient bien
forcer ; mais la sympathie et l'affection de plus d'un parmi
les siens, qui n'auraient pas cessé, dès lors, de lui tenir
rigueur.

Quoi qu'il en soit, il est d'autant plus regrettable que
la notice nécrologique sur Ayrald, insérée au calendrier
ou obituaire de Portes, ait échappé aux investigations du
grand annaliste cartusien, qu'il y aurait certainement
trouvé de quoi trancher la question en litige, et fermer à
tout jamais la bouche à ses contradicteurs. Et, si vous
voulez que nous vous disions toute notre pensée, ce doit
être là le motif pour lequel elle a toujours si constam-
ment échappé à ses recherches et à sa connaissance.

Ainsi, de ce que Ayrald ne figure nulle part, en qualité
de moine, dans les chartes et cartulaires de Portes, nous
concluons que, en réalité, il n'y est pas plus devenu
moine profès après son épiscopat, qu'il ne l'avait été
avant. Ensuite, de ce que dom Le Coulteux n'a jamais pu
mettre la main sur l'obituaire ou sur le feuillet de l'obituaire de Portes comprenant l'article nécrologique explicite qui aurait, à lui seul, élucidé et tranché à jamais la

uestion ; nous ne prétendons pas conclure que l'article a
té soustrait à ses regards par celui ou ceux dont il con-
rariait et ruinait l'opinion ; seulement nous laisserons à
'autres le soin de résoudre le problème.

VI

A ces deux motifs — déduits du silence ou plutôt de la
isparition partielle ou momentanée des documents de
ortes — de croire qu'Ayrald n'a pas plus été moine profès
e cette maison après son épiscopat qu'avant, on peut en
jouter un troisième tiré du silence, non moins surpre-
ant, des plus anciens documents, non seulement de la
-rande-Chartreuse, mais aussi de toutes les Chartreuses
e l'univers.

En effet, les seuls documents cartusiens, vraiment
nciens, qui fassent mention d'un moine Ayrald, sont les
bituaires d'Arvières et de Meyria. Le premier parle du
écès d'Ayrald, moine, évêque : *obiit Ayraldus monachus
piscopus ;* le deuxième parle du décès d'Ayrald, moine,
vêque de Maurienne : *obiit Ayraldus monachus, episco-
us maurianensis.* Mais rien, absolument rien, dans ces
eux textes, ne prouve ni même n'indique qu'Ayrald ait été
noine de l'Ordre des Chartreux, plutôt que d'un autre
)rdre ; moine à Portes plutôt qu'ailleurs. Si on pouvait en
nduire qu'il a été chartreux quelque part, ce serait à
arvières ou à Meyria, dont les obituaires constatent son
lécès ; et non à Portes, dont l'obituaire et les autres docu-
nents ne font nulle mention de lui, sous le titre de
noine.

En supposant qu'Ayrald eût été réellement chartreux
)rofès de Portes, soit avant soit après son épiscopat,

comment s'expliquerait-on que, durant les trois ou quatre premiers siècles qui suivirent sa mort, tous les documents de toutes les Chartreuses eussent gardé le silence le plus absolu sur l'entrée en religion d'un homme de si grandes sainteté et valeur ; et qu'il eût fallu attendre jusqu'au XVIᵉ ou au XVIIᵉ siècle, avant d'en trouver un seul qui fît mention de la profession religieuse d'un personnage dont on affirme que de nombreux miracles rendirent le tombeau célèbre après sa mort (Angley, page 83), et dont la gloire aurait dû rejaillir, dès lors, sur l'Ordre tout entier !

A notre avis, et pour tous ces motifs, Ayrald n'a donc jamais été chartreux profès de Portes. Et comme les textes des obituaires d'Arvières et de Meyria et surtout de celui de Lyon (nous laissons de côté l'épitaphe, relativement moderne) ne permettent cependant pas de douter qu'il n'ait été moine, *monachus*, dans un sens ou dans l'autre ; puisqu'il ne l'a pas été dans le sens large et ordinaire de moine ou religieux profès, il faut nécessairement qu'il l'ait été dans le sens restreint et plus rare de moine, *monachus*, simplement admis au monachat...*ad monachatum...in fratrem vel monachum receptus* ; c'est-à-dire dans le sens de moine simplement *affilié* ou *assimilé*.

En résumé. D'accord avec dom Le Coulteux et vous sur votre première et principale thèse, nous nions qu'Ayrald ait jamais été chartreux ou moine profès de Portes, *avant* son épiscopat. Quant à la thèse secondaire et accessoire, nous croyons, comme vous, qu'il a été moine, *monachus*, une fois ou une autre, *après* sa promotion à l'épiscopat. Mais notre manière de voir diffère sur la signification à donner au mot latin *monachus*.

Vous aviez pensé, tous deux, qu'on pouvait l'entendre dans le sens de véritable moine, de moine qui a réellement fait profession. Tout bien examiné, nous croyons qu'il faut l'entendre dans le sens de moine *assimilé* ou *affilié*, de personnage étranger à l'Ordre et simplement admis au monachat, ou à la participation de prières, en sa qualité de bienfaiteur et d'ami.... *extraneus.... in fratrem....*, *vel in fratrem et monachum receptus.*

Nous vous donnons notre opinion avec les motifs sur lesquels elle s'appuie. Vous apprécierez l'une et les autres, et nous espérons que vous les approuverez.

En tout cas, nous vous autorisons à en faire tel usage qui vous conviendra, dans une future édition de vos *Recherches sur le Décanat..*., etc., etc.

Sans attendre une réédition, plus que problématique, des *Recherches*, nous avons cru que le meilleur usage à faire de cette partie de leurs lettres, où nos judicieux et sagaces correspondants exposent leur opinion sur l'état de vie d'Ayrald avant, pendant et après son épiscopat, c'était, en en laissant l'appréciation au lecteur, de l'insérer en tête de la double *Réplique* aux brochures imprimées de nos deux honorables contradicteurs, M. le chanoine Truchet et le Révérend Père Boutrais.

La *Réplique* à ces deux brochures était écrite depuis deux ou trois ans, et avait été lue en diverses séances de l'Académie de Savoie.

Des circonstances impérieuses et indépendantes de notre volonté en avaient retardé jusqu'à ce jour la publication. Il ne se pouvait pas qu'elle eût lieu tant que la menace resterait suspendue sur la tête du vénérable Ordre des Chartreux, qu'elle intéresse particulièrement et touche de près. Maintenant qu'un repos relatif paraît assuré aux maisons religieuses épargnées jusqu'à présent par la révolution, le moment est venu de donner cours à cette publication, qui ne saurait être indéfiniment retardée et qu'appellent, d'ailleurs, depuis un assez long temps, les attaques auxquelles elle a pour but de répondre.

Mais ici se présente une observation préliminaire. Quiconque a lu attentivement ces deux brochures peut se demander si une réplique est bien nécessaire pour les réfuter. En effet, si mes deux contradicteurs sont d'accord sur le but visé par eux, qui est de renverser ma thèse au sujet de l'état de vie d'Ayrald avant son épiscopat, ils ne le sont guère sur le point de départ à fixer, et sur le mode à employer pour y parvenir. Car, avant de me contredire et de me combattre, ils commencent par se contredire et se combattre réciproquement ; si bien que, pour répondre péremptoirement à chacun d'eux, il suffirait presque, à *priori*, de les opposer l'un à l'autre.

En effet ; M. Truchet affirme (Réponse, page 10) que « j'ai parfaitement raison de ne pas admettre avec certains « auteurs — il aurait pu dire avec le Père Boutrais — qu'il « y a eu successivement, en Maurienne, de 1132 à 1146, « deux évêques du nom d'Ayrald, dont le premier aurait « été chanoine régulier, et le deuxième chartreux avant « sa promotion à l'épiscopat », et que « cette division, « rejetée par les documents diocésains de Maurienne, « n'est qu'un expédient de conciliation sans valeur historique ». Page 12, ligne 4, il parle d'un seul « Ayrald, « évêque de Maurienne de 1132 à 1146 » ; et il répète (page 19) que l'hypothèse de deux Ayrald successifs « n'est absolument pas soutenable » ; or, en tout cela, il est en complet accord avec moi, et me donne pleinement raison contre le R^d Père Boutrais.

Mais il nie, ou tout au moins, il regarde comme douteux et non suffisamment prouvé (pages 13 et 14) qu'Ayrald, évêque de Maurienne de 1132 à 1146, soit le même, identiquement, que cet autre Ayrald dont Guigues-le-Charreux dit que, avant de devenir évêque de Maurienne, il avait été chanoine régulier, archiprêtre de saint Hugues et trente années son collaborateur, dans l'administration du diocèse de Grenoble.

De son côté, le Père Boutrais, d'accord avec Guigues-le-Chartreux, affirme (pages 16 et 17) qu'Ayrald, qui était évêque de Maurienne en 1135 ou 1136, est bien le même, identiquement, qui, sans avoir jamais été charreux avant de devenir évêque de Maurienne, avait été seulement chanoine régulier, archiprêtre de saint Hugues et, durant trente années, son collaborateur dans l'administration du diocèse de Grenoble ; et, en cela aussi, il est d'accord avec moi, et il me donne parfaitement raison contre M. Truchet.

Mais il soutient en outre, contre M. Truchet, qu'il y a eu successivement, entre 1132 et 1146, deux évêques du nom d'Ayrald sur le siège épiscopal de Maurienne.

Si mes honorables contradicteurs daignaient donc y consentir, il me suffirait : 1° de prier M. Truchet de vouloir bien prouver au Révérend Père Boutrais qu'il n'y a eu, en Maurienne, qu'un seul évêque du nom d'Ayrald entre 1132 et 1146 ; 2° de prier ensuite le Père Boutrais de vouloir bien prouver, à son tour, à M. le chanoine Truchet, que cet unique Ayrald, évêque de Maurienne de 1132 à 1146, est le même, identiquement, que cet autre Ayrald de 1135-1136 qui n'avait jamais été chartreux avant

R[d] Père Boutrais

son épiscopat ; mais qui avait été chanoine régulier, archiprêtre de saint Hugues, et trente ans son collaborateur.

Ma tâche, alors, serait singulièrement simplifiée. Une
fois l'accord établi entre eux et moi sur ces deux points de
capitale importance dans la question controversée, il ne me
resterait plus qu'une chose à faire, et très facile, comme
nous le verrons : démontrer la parfaite identité entre
Ayrald, chanoine régulier, archiprêtre de saint Hugues et
trente ans son collaborateur, dont parle Guigues-le-Chartreux ; et Ayrald, doyen de Saint-André de Savoie de 1101
ou 1102 à 1131 ou 1132, dont saint Hugues fait mention
dans de nombreuses chartes de ses cartulaires.

De cette démonstration, il résulterait avec évidence
qu'Ayrald, doyen du chapitre et du décanat de Saint-André
de Savoie, dans le premier tiers du xiie siècle, est bien le
même, identiquement, qui devient évêque de Maurienne
vers 1132, avant d'avoir encore été jamais chartreux ; le
même qui vivait en 1135-36 et qui mourut en odeur de
sainteté en 1146, fut longtemps honoré d'un culte spécial
dans le diocèse de Maurienne, et fut enfin mis officiellement
au rang des Bienheureux, sous le pontificat de Pie IX.

Mais peut-être me reprocherait-on de m'en rapporter à
autrui du soin de remplir, en partie, une tâche qui m'in-
combe, et que j'accepte d'ailleurs volontiers tout entière.

Mieux vaut donc m'en acquitter personnellement ; c'est
ce que je vais faire dans les deux chapitres suivants, con-
sacrés à donner réponse et satisfaction l'un à M. le chanoine Truchet, l'autre au Révérend Père Boutrais.

Je dois dire, pourtant, qu'il m'arrivera plus d'une fois
de passer de M. Truchet au Père Boutrais, et réciproquement ; afin de n'avoir point à répéter, en répondant à
l'un, sur un point donné, ce que j'aurai déjà dit à l'autre,
sur un point identique, ou simplement analogue.

CHAPITRE II

Réplique à M. le chanoine Truchet.

Avant de commencer à résoudre les objections de
M. Truchet, et à lui fournir le supplément de preuves dont
il a besoin pour former ou fortifier sa conviction, ce qui
fera l'objet d'un second paragraphe ; il convient d'examiner, dans un paragraphe premier, les plus saillantes
des observations sous forme de reproches, qu'il m'adresse
sur mon genre de polémique ; et d'en soumettre, sur son
genre à lui, quelques-unes au jugement du lecteur.

§ 1er

Reproches de M. Truchet.
Ses observations sur mon genre de polémique ;
les miennes sur son genre à lui.

Sommaire.

I. J'emploie des locutions dubitatives. Il le faut bien, sous peine
d'infidélité historique. — II. J'ai omis une note d'Enschenius. Elle
est pleine d'erreurs que M. Truchet repousse aussi bien que moi. —
III. J'ai omis quelques passages de Le Coulteux. Mais la partie omise,
comme surabondante, fortifierait ma thèse au lieu de l'affaiblir. —
Le Coulteux, M. Truchet en convient, n'a pas tenu sa promesse de
prouver qu'Ayrald avait été chartreux avant son épiscopat. Texte
latin du passage qu'on me reproche d'avoir omis ; sous prétexte de le
résumer, M. Truchet le travestit. D. Le Coulteux, s'il vivait, répu-
dierait ce texte, dont certains documents récemment découverts dé-
montrent les erreurs. — J'écris avec une seule *s* le nom de sainte
Roseline. C'est ainsi que l'écrivent la plupart des auteurs français et,

parmi eux, le chanoine Angley et M. Truchet lui-même. — V. M. Truchet me cite rarement sans travestir mon texte ; preuves à l'appui. —
VI. Il fait subir des travestissements semblables aux textes des
Bollandistes. — VII. Il donne, comme tirée des Cartulaires de saint
Hugues, une prétendue variante du nom d'Ayrald, *Taibold*, qui est
de son invention. — VIII. Enfin, il me reproche, sans motif sérieux,
de renvoyer à un autre volume la publication des pièces justificatives
du premier ; moyen de couper court à ses récriminations sur ce point.

I

M. Truchet me reproche (page 9) l'emploi des locutions : ... *il est probable... il ne dut pas tarder... sans
doute... peut-être...*[1] et ajoute que « cela est fort com-
mode, mais n'est pas de l'histoire ». Pourtant, il me semble
que c'est là une question d'à propos et de mesure. Tout
n'est pas également authentique et démontré en histoire.
Quand il s'agit de circonstances historiques douteuses,
incertaines, quoique vraisemblables et même probables ;
sans doute l'historien peut les mentionner ; mais il ne doit
en parler, sous peine d'infidélité, qu'en des termes qui
expriment le doute, l'incertitude, comme le fait d'ailleurs
très bien M. Truchet lui-même dans son *Histoire hagiologique* de Maurienne, où nous lisons : page 5, ligne 4 :
.... « est due sans doute » — ligne 10 : .... « il est assez
probable » — page 6, ligne 18 : ... « il n'est pas impro-
bable » — page 7, ligne 4 : .... « son séjour a dû être »
— ligne 28 : .... « on croit même qu'il avait » — page 9,
ligne 4 : .... « c'est à cette époque (deuxième moitié du
Ier siècle) au rapport de la tradition, que fut construite

---

[1] Le Père Boutrais (*Ayrald*, page 20), me fait un reproche analogue.

l'église d'Extravache » — page 11, ligne 8 : .... « probablement » — ligne 18 : .... « ce qui semble indubitable »,
etc., etc.

Si du commencement du volume nous passons à la fin,
nous lisons : page 293, ligne 26 : .... « peut-être avait-il
été » — page 294, ligne 1 : .... « ou bien vint-il recevoir »
— ligne 4 : .... « il semble en effet »,.... etc., etc. Je ne
prétends point faire, à M. Truchet, un reproche de ces
doutes historiques, qui peuvent être fondés et légitimes,
ni des locutions dubitatives dont il se sert pour les exprimer. Mais peut-être auraient-elles pu, ou dû, le rendre un
peu plus indulgent pour les miennes, et même l'engager à
laisser à d'autres, qui en font moins que lui un fréquent
usage, le soin de les mettre en relief !... soin qui, venant
de sa part, fait penser, malgré soi, à la vieille et toujours
nouvelle parabole de la poutre et de la paille.

II

M. Truchet me reproche encore (page 12) : « d'avoir
« soin de ne pas parler des notes d'Henschenius » sur la
vie de saint Hugues parce que « elles ne me sont pas favorables ».

Ou ce reproche ne signifie rien, ou il signifie que les
notes d'*Henschenius* sont la démonstration de la thèse de
M. Truchet, ou sont, tout au moins, la condamnation de
la mienne ; et que, ne trouvant rien à y répondre, j'ai eu
bien « soin de n'en point parler ».

J'avoue que l'accusation me touche au vif ; car tout
homme qui, dans une discussion historique, supprimerait
ainsi, de parti pris, les meilleurs arguments de ses adver-

saires pour le plaisir puéril de prendre des airs vainqueurs
aux yeux du public, manquerait d'une qualité essentielle à
tout historien ou chroniqueur : la probité historique.

Voyons donc si, en ne parlant point des notes d'*Henschenius*, j'ai mérité le reproche qu'on m'adresse.

J'avais lu autrefois, et je viens de relire avec attention
toutes ces *notes*. Une seule d'entre elles a trait à notre
sujet. La voici textuellement, telle qu'on la trouve au bas
de la lettre à Innocent II que Guigues-le Chartreux place
en tête de sa *Vie de saint Hugues* [1].

Guigues ayant nommé, dans sa Lettre, Ayrald et
Hugues II, évêques de Maurienne et de Grenoble...
*Arialdus et Hugo mauriennensis et gratianopolitanus
episcopi.....*, *Henschenius* reproduit ce passage et, arrivé
au mot *Arialdus*, il renvoie à une note *a* ainsi conçue :
*A. Arialdus, in Mss. nostris Ailardus et Airaldus, et
alibi, Airardus ex monacho et priore cartusiæ Portarum,
diœcesis lugdunensis, factus episcopus anno 1145, mortuus anno 1167*, « *A*, Ariald, appelé Ailard et Airald dans
« nos manuscrits et Airard ailleurs, de moine et prieur de
« la Chartreuse de Portes, dans le diocèse de Lyon, fait
évêque en 1145, mort en 1167 »..... et c'est tout.

Mais il est faux : 1° qu'Ayrald ait jamais été prieur de
Portes, puisqu'il n'y a jamais eu à Portes, de prieur du
nom d'Ayrald ; il est faux, 2° qu'il ait été fait évêque en
1145, puisqu'il a été fait évêque en 1132 ; faux encore,
3° qu'il soit mort en 1167, puisqu'il est mort le 2 janvier
1146. Tout cela a déjà été démontré faux par le bollandiste D. Papebroch [2] d'accord avec dom Le Coulteux. Et,

[1] *Bollandistes*, 1er avril.

[2] *Bollandistes*, xi juin, *Vie de sainte Roseline*, n° 9 de la *préface*
de Papebroch.

aujourd'hui, tout cela est rejeté comme faux par tous les historiens, même par ceux de Maurienne, même par... M. Truchet (*Réponse* pages 14 et 15). Et il me ferait un grief de n'avoir point parlé de cette singulière note d'*Henschenius*, dont Le Coulteux n'a pas laissé debout une seule allégation, pas même celle qui ferait d'Ayrald un simple moine de Portes avant son épiscopat !

Allons, le reproche n'est pas sérieux. Mais s'il n'est pas sérieux il est assez perfide ; car, pour les lecteurs de M. Truchet, qui n'auront pas la volonté, ou la possibilité, ou même la pensée de vérifier, dans les Bollandistes, cette note unique d'*Henschenius* sur notre sujet (et combien seront dans un ou plusieurs de ces cas !) il sera à peu près entendu que « j'ai soin » d'esquiver, disons le mot, d'escamoter, pour n'avoir pas à les résoudre, les difficultés embarrassantes. Et s'il pouvait rester encore, dans leur esprit, quelque hésitation à ce sujet, de nouvelles insinuations, glissées çà et là, au cours de la *Réponse* de M. Truchet, viendraient transformer pour eux le doute en certitude. Ainsi :

III

M. Truchet me reproche ailleurs (page 21) de n'avoir donné qu'une partie des deux passages de Le Coulteux relatifs à notre controverse, et de donner une partie du second avant le Ier ; puis il ajoute « ce qui n'est pas sans « importance. Voici la traduction complète ».

Le fait est que j'ai cité le texte de dom C. Le Coulteux dans l'ordre réclamé par le développement de mon récit.

Etais-je donc obligé de citer l'un après l'autre, bout-à-bout, et dans l'ordre chronologique de leur insertion dans les *Annales Cartusiennes*, deux passages dont l'un se trouve au tome II, page 461 et suivantes, et l'autre au tome III, page 252 et suivantes de ces annales ? [1]

Le fait est, encore, que n'ayant pas pris, comme M. Truchet, l'engagement (qu'il a du reste oublié de tenir) de citer intégralement Le Coulteux et d'en donner la traduction complète ; je n'ai cité, de ces deux passages, que les principales parties probantes, laissant de côté, comme surabondantes et inutiles, celles qui, avec le *si tamen noster est*, auraient pu encore ajouter, mais n'auraient absolument rien retranché à la démonstration de ma thèse, ainsi que je le prouverai bientôt, et qu'est d'ailleurs bien forcé d'en convenir M. Truchet.

En effet, il cite d'abord (page 23) la partie omise, dans les *Recherches*, du texte inséré par Le Coulteux sous l'année 1134 de ses *Annales*, et que notre annaliste termine par la promesse impossible à tenir, de prouver sous l'année 1146, qu'Ayrald évêque de Maurienne en 1138 et 1143 « était chartreux quand il fut appelé à l'épiscopat » ; puis M. Truchet persiste à affirmer (page 24) que Le Coulteux donnera sous l'année 1146 la preuve promise. Le Père Boutrais va plus loin ; il affirme à diverses reprises (pages 25, 35, 36, 37 et 38 que Le Coulteux a donné cette preuve). Et pourtant qui le croirait ? Le Coulteux va prouver juste le contraire, de l'aveu même de M. Truchet. Qu'on en juge :

Après avoir traduit (pages 24-25) le fameux texte de 1146, M. Truchet le résume ainsi (page 26). « Malgré les

---

[1] Copie de la Bibliothèque publique de Grenoble.

« hésitations qui troublent l'esprit de Le Coulteux dans
« le passage que je viens de citer ; il est facile d'y voir :
« 1° que *son unique préoccupation est toujours de prou-*
« *ver qu'Ayrald, dont Guigues fait mention, n'a pas été*
« *chartreux avant d'être évêque* ; 2° que, selon lui, si
« l'évêque du même nom qui siégeait en 1143 et qui
« mourut en 1146, a été chartreux, *ce dont il doute*,
« sans toutefois le nier, il n'a pas été prieur, mais seule-
« ment religieux de Portes ; et que, si Ayrald chartreux,
« est le même que l'Ayrald de la *Vie de saint Hugues*,
« il ne peut avoir été chartreux qu'après avoir abdiqué
« son évêché, et qu'en cette hypothèse son corps doit
« avoir été transporté à Saint-Jean ».

Voilà ce que dit M. Truchet, résumant le passage de
dom C. Le Coulteux qu'il me reproche d'avoir omis. Et
n'est-ce pas là, en abrégé, toute ma thèse ?

Où trouve-t-on dans le résumé, cette fois assez fidèle,
donné par M. Truchet, un seul mot prouvant que l'évêque
Ayrald de 1143 avait été chartreux avant son épiscopat ? N'y
a-t-il même pas la preuve évidente du contraire, surtout
pour M. Truchet, convaincu comme nous, qu'il n'y a eu, en
Maurienne, qu'un seul évêque du nom d'Ayrald entre
1132 et 1146, et, par conséquent, que l'évêque Ayrald de
1143 est bien le même dont Guigues affirme qu'il n'avait
pas été chartreux, mais qu'il avait été chanoine régulier
avant son épiscopat ?

Aussi M. Truchet est-il forcé de reconnaître (page 34)
que, entre autres motifs militant « en faveur de mon
système » il y a « une contradiction ou un doute de
« Le Coulteux, ou plutôt un oubli dans le second texte
« (1146) de ce qu'il a dit dans le Ier (1134) ». Or qu'avait
dit Le Coulteux dans le Ier texte ? — Qu'il prouverait,

dans le second, qu'Ayrald était devenu évêque, de chartreux qu'il était auparavant. *Hunc à nobis ad infulas
assumptum fuisse alibi probabimus*. Et qu'a-t-il oublié
dans le second ? Il a oublié de donner la preuve promise.

C'est là ce dont est forcé de convenir M. Truchet, et ce
que ne veut pas voir le Père Boutrais. Il entend, lui, ne se
souvenir que de la promesse de 1134 ; et, sans s'inquiéter
de savoir si la promesse faite a été tenue, il s'en va répé-
tant de page en page [1] : *ad infulas. . ad infulas... à
nobis ad infulas,..* etc; comme si la répétition d'une
promesse, fut-elle cinquante fois réitérée, équivalait à son
accomplissement.

Dom Le Coulteux lui-même, ne reconnait-il pas que
sa prétendue preuve n'en est pas une lorsque, aussitôt
après avoir rapporté et discuté les textes d'Arvières, de
Lyon et de Meyria qui devaient lui servir de base pour
démontrer qu'Ayrald avait été chartreux avant son épiscopat, il ajoute : « Or notre chartreux Ayrald, si toutefois
il est bien nôtre : *Porro nostrum Ayraldum, si tamen
noster est...*! On ne saurait confesser plus clairement
que la prétendue preuve donnée n'en est pas une, ou, du
moins, qu'elle ne prouve rien.

Il est donc absolument faux, quoi qu'en dise le Révérend Père Boutrais, que Le Coulteux prouve, sous l'année
1146, que l'évêque Ayrald de 1143 avait été chartreux
avant son épiscopat.

Sans doute, il avait promis, sous l'année 1134, de donner
la preuve de ce fait sous l'année 1146 ; mais la preuve
promise il n'est jamais parvenu à la donner sérieuse,
parce qu'il lui était impossible de le faire. Et voilà pour-

---

[1] *Ayrald*, pages 25, 35, 36, 37, 38, etc.

quoi je n'avais eu ni à mentionner une promesse qui n'a pas été tenue, ni à citer et discuter une preuve qui n'a jamais été et qui ne pouvait pas être produite.

Lors donc que, après avoir affirmé (page 21) : 1° que « je n'ai donné qu'une partie » des deux passages de Le Coulteux; 2° que « je donne une partie du second *avant* le premier », M. Truchet ajoute que « cela n'est pas sans quelque importance », il serait fort embarrassé de dire en quoi consiste cette importance. Mais le coup n'en est pas moins porté dans l'esprit de ses lecteurs, qui se persuaderont de plus en plus, contre toute vérité, que si sa méthode, à lui, consiste à citer intégralement et à traduire exactement les textes ; la mienne consiste à les écourter, à les transporter d'avant en arrière, c'est-à-dire à les torturer au point de les détourner de leur signification naturelle, pour en obtenir une conforme aux besoins de ma thèse.

Je proteste contre cette nouvelle insinuation; et afin que le lecteur soit mieux édifié, voici le seul passage de Le Coulteux dont l'omission m'est reprochée par M. Truchet, puisque, après avoir écrit (page 21) : « Je ne « donnerai le texte latin que des passages saillants omis « par mon honorable contradicteur » il ne donne (page 23) le texte latin d'aucun autre.

Quemdam Aycaldum maurianensi ecclesiæ anno 1125 præfuisse Sammarthani dicunt, quem non puto ab Airaldo distinguendum. Quandonam verò obierit hactenùs incompertum. Ei verò successisse videtur alter ejusdem nominis, quem constat sedem mauriennensem jam tenùisse anno 1138, quo G. vel potius S. archiepiscopus viennensis factam ecclesiæ Maurianensi per nepotem suum Airaldum pontificem donationem confirmavit. Anno quoque 1143, III calendas aprilis, Amedeus, Sabaudiæ comes, laudavit in sacrata manu Airaldi episcopi Maurianensis redditionem Præpositure Agaunensis ecclesiæ factam canonicis sancti Mauritii. Hunc à nobis ad infulas assumptum fuisse alibi probabimus. — A la marge on lit : V. l'an 1146.

Je ne reviendrai pas sur cette promesse finale que, nous venons de le voir, Le Coulteux avait réellement faite ; mais sans pouvoir jamais la tenir.

Avant de discuter le passage cité, disons d'abord que M. Truchet, sous prétexte de le résumer, lui fait subir, sur plusieurs points, de violentes entorses.

Ainsi, là où l'annaliste cartusien avait dit — montrant bien, par là, qu'il entendait n'exprimer qu'une opinion purement personnelle et sujette à contradiction, — « Je ne pense pas qu'il faille le distinguer d'Ayrald ».…. *quem non puto ab Airaldo distinguemdum*, M. Truchet lui fait dire, d'une façon absolue (page 23, ligne 23) : « cet Ayrald *est* le même ». — Là où Le Coulteux, disait sous forme incertaine et dubitative : Ayrald *paraît* avoir eu pour sucesseur un autre évêque de même nom ;… *ei verò successisse VIDETUR alter ejusdem nominis ;* M. Truchet lui fait dire, toujours d'une façon absolue (page 25) « Ayrald a *eu* pour successeur, etc. »

En forçant ainsi le trait jusqu'à fausser la pensée de Le Coulteux, M. Truchet espère, sans doute, me l'opposer plus efficacement devant ses lecteurs. Il ne fait qu'aggraver, en pure perte, l'erreur autrefois très excusable de l'annaliste cartusien, qui ne la commettrait plus, ni ne se la pardonnerait plus aujourd'hui à lui-même.

En effet, ce que pouvait loyalement penser et dire à ce sujet Le Coulteux au xviie siècle ; nul, et dom Le Coulteux moins que personne, s'il vivait encore, n'oserait plus le

épéter aujourd'hui, depuis la découverte de certains
itres et documents à lui autrefois inconnus. Ces documents prouvent, chacun le sait : 1° que Aycald ou Ayrald,
vêque de Maurienne en 1125, était bien distinct de notre
Ayrald ; 2° que cet Aycald ou Ayrald de 1125 était déjà
mort, ou du moins n'était plus évêque de Maurienne en
127, année où Conon II l'était déjà devenu, et confir-
mait, en cette qualité, à Guillaume abbé de la Novalaise, la
possession d'un grand nombre d'églises de son diocèse
Angley, page 75) ; 3° que le successeur immédiat de
'évêque Aicald de 1125 fut, par conséquent, ce Conon II
t non Ayrald ; 4° enfin que notre Ayrald, successeur de
Conon II, devint seulement évêque de Maurienne vers
132. Et ceci M. Truchet le sait mieux que personne, puisqu'il le répète maintes fois dans sa *Réponse* (voir les pages
, 10, 12, 18 et 19).

Ce n'est donc pas sérieusement qu'il me reproche
l'avoir omis un passage de Le Coulteux dont il est forcé
le répudier, aussi bien que moi, les divers énoncés. Mais,
e qui est très sérieux, c'est l'art ou le courage avec lequel,
ous prétexte de résumer la pensée du grand annaliste,
l la fausse et la travestit.

IV

Notons encore, avant d'aller plus loin, cette rectification
sous forme de parenthèse-férule que m'inflige M. Truchet
à sa page 15 :

« M. Trépier mentionne au bas de la page 328 la vie de
« sainte Roseline (c'est Rosseline) notes, 11 juin. A-t-il
« lu ces notes ? S'il les a lues, il aurait dû en citer au

« moins les passages principaux. S'il ne les a pas lues, il
« a eu tort. C'est dans ces notes que se trouve l'opinion
« définitive des Bollandistes sur l'objet de ce débat ».

Nous reviendrons sur ces notes, où l'opinion prétendue
définitive des Bollandistes n'est, de leur part, qu'une
hypothèse purement conditionnelle, et où ils nous tracent,
de concert avec Le Coulteux, d'excellentes règles de critique historique dont nous ferons notre profit. Mais fer-
mons, sans retard, la parenthèse si magistralement ouverte
et encadrée par M. Truchet.

S'il est vrai que la plupart des auteurs latins, et les
Bollandistes entre autres, écrivent ordinairement le nom
de la sainte avec deux *ss* : *Rosselina* ; il n'en est pas moins
vrai que la plupart des auteurs français, même ceux de
Maurienne, l'écrivent avec une seule *s*. Le chanoine
Angley (*Histoire du Diocèse de Maurienne*, page 77,
note 4) écrit : *sainte Rosaline*. M. Truchet, dans son histoire hagiologique de Maurienne (page 225, ligne 7) écrit
et souligne : *sainte Roseline...* ! Si donc il tenait absolument à faire montre de sa note-férule entre parenthèses,
c'est là qu'il aurait dû la placer !

V

Puisque nous en sommes aux parenthèses de M. Truchet, signalons-en encore une à la page 18 de sa *Réponse*.
J'avais dit à la page 356 des *Recherches...* « Le même
« Ayrald, d'abord doyen de Saint-André (comme nous
« l'avons prouvé), ou, ce qui revient au même, d'abord
« archiprêtre de saint Hugues (comme l'affirme Guigues-
« Chartreux) et chanoine régulier avant de monter sur le

« siège épiscopal de Maurienne. » Or, voici comment me
cite et me paraphrase M. Truchet :... « Le même Ayrald,
« d'abord doyen de Saint-André... ou ce qui revient au
« même *(pas tout à fait)* d'abord archiprêtre de saint
« Hugues (comme l'affirme Guigues-le-Chartreux) et cha-
« noine régulier avant de monter sur le siège épisco-
« pal... etc. »

Que fait donc ici M. Truchet ? Une opération bien simple. Il supprime les quatre mots, pourtant si courts, les
plus saillants de mon texte (comme nous l'avons prouvé)
et les remplace par quatre points.... presque aussi longs !
Cette suppression, qui n'a l'air de rien, détruit cependant
toute mon argumentation, et permet à M. Truchet d'inter-
caller sa petite parenthèse, à lui, de quatre autres mots —
pas tout à fait — juste à l'endroit où, s'il n'eût rien supprimé, j'aurais pu placer le mot *identiquement.* Ses lecteurs,
sans défiance, croient à la suppression de quelques mots
indifférents dans le débat ; le *pas tout à fait* reste, et le
tour est joué.

Or, M. Truchet en joue beaucoup trop de cette espèce, et
de bien plus forts encore au cours de sa *Réponse.* Il me cite
rarement sans omettre et remplacer par une succession
de points au commencement, au milieu où à la fin de sa
citation, juste le mot ou les mots probants qui auraient
été un trait de lumière pour ses lecteurs.

Ainsi, j'avais dit (page 332)... « nous avons le droit et le
« devoir de demander... que le culte — du B. Ayrald — soit
« solennellement autorisé et célébré parmi nous, *dans les*
« *lieux mêmes qu'il a le plus longtemps arrosé de ses*
« *sueurs, édifiés et sanctifiés de sa parole et de ses exem-*
« *ples* ». M. Truchet cite (page 5) ce passage des *Recher-*
ches ; mais en ayant soin de passer sous silence le très im-

portant et très probant membre de phrase ici souligné, dont il ne veut pas, et pour cause, que ses lecteurs connaissent ou même soupçonnent le contenu.

Ainsi encore j'avais dit (pages 326-27) rappelant le texte de la lettre de Guigues où Ayrald est désigné comme collaborateur de saint Hugues :... « Il avait dû l'être en « qualité d'archiprêtre de saint Hugues ou de doyen de « Saint-André, seuls titres sous lesquels il soit dési- « gné *dans la Biographie de saint Hugues, et dans les* « *Cartulaires de Grenoble.* » M. Truchet cite également (page 11) ce passage ; mais toujours en ayant soin d'omettre le membre de phrase souligné qui contient l'indication des documents anciens et authentiques, où Ayrald est ainsi désigné !... S'il s'agissait de documents modernes, peu importerait leur omission ; mais ils sont tous du XIIe siècle et contemporains d'Ayrald, ce qui donne à leur témoignage une toute autre valeur ; et voilà précisément pourquoi M. Truchet tient à les soustraire aux regards de ses lecteurs.

Enfin, j'avais dit (page 345) : « des deux évêques mis « en opposition dans le passage cité (de Guigues) Ayrald, « celui de Maurienne, avait été régulier ou chanoine régu- « lier avant son épiscopat, et Hugues II, celui de Grenoble, « avait seul été chartreux ; c'est un chartreux qui l'affirme, « *et le plus éminent chartreux de son temps et peut-être* « *de tous les temps* ». Ici encore M. Truchet citant (page 13) ce passage des *Recherches*, omet le membre de phrase souligné. Si l'auteur de l'affirmation était le premier char- treux venu, et surtout si c'était un chartreux moderne, l'omission pourrait n'avoir pas une grande importance ; mais si c'est *le plus éminent chartreux de son temps* (XIIe siècle) *et peut-être de tous les temps*, son affirmation acquiert une toute autre valeur ! Et c'est précisément

encore pour .cela que M. Truchet, toujours fidèle à son
système, supprime aux yeux de ses lecteurs, le membre de
phrase souligné, et le remplace par une succession de
points !

De même, il ne place pas un seul de mes arguments
sous leurs yeux, sous prétexte de le discuter, sans l'avoir
auparavant artificieusement mutilé, faussé, travesti, défi-
guré au point de le rendre inepte, grotesque, absurde ou
ridicule ; ce qui lui permet de se livrer ensuite, à défaut
d'autres moyens, à son goût prononcé pour le persif-
flage et la raillerie, qui n'auraient pas pu trouver leur
issue sans ce travestissement préalable.

Les lecteurs veulent-ils s'édifier de plus en plus à cet
égard : qu'ils ouvrent à n'importe quelle page, la *Réponse*
de M. Truchet, et qu'ils comparent le texte ou l'argument
qu'il me prête avec le texte ou l'argument correspondant
de mon paragraphe sur le B. Ayrald, et ils seront étonnés
du courage de M. Truchet dans l'art des... sophistications.

Je ne suis d'ailleurs pas le seul ainsi maltraité. Dom Le
Coulteux, nous l'avons vu, et les Bollandistes, nous allons
le voir, subissent sous sa plume des sophistications et
travestissements analogues. Sa manière rappelle tout à fait
celle du jongleur qui, après maints tours de passe-passe,
entreprend de prouver, à son public ébahi, que rien ne
ressemble plus à la tête de l'Apollon du Belvédère qu'une
tête de souris. En huit ou dix croquis sa démonstration est
faite. Il allonge à chaque fois certains traits, il en raccour-
cit certains autres ; et il passe ainsi, par une série de tran-
sitions et de transformations peu sensibles, de l'Apollon à
l'Européen, puis à l'Indien, au Nègre, à l'orang-outang,
au chien, au renard, au furet, à la fouine, à l'écureuil et
finalement à la souris. Tout nouveau croquis rappelle le

précédent par certains traits, et annonce le suivant par certains autres. A chaque transition d'un croquis au suivant, l'œil exercé d'un naturaliste signalerait entre eux des différences caractéristiques. Les spectateurs naïfs et débonnaires leur trouvent, eux, assez de ressemblance. Mais, qu'on leur montre à la fois, la tête d'Apollon du point de départ, et la tête de souris du point d'arrivée, et ils riront aux éclats de leur propre naïveté.

Je conseille aux lecteurs de M. Truchet de rapprocher toujours son texte final — résultant de la série de ses citations, traductions, manipulations, commentaires et résumés divers — avec le texte original ou primitif; et s'ils ne rient pas, comme les spectateurs de tout à l'heure, en face du jongleur qui, après tout, était dans son rôle ; ils s'indigneront de voir qu'on a pu se moquer d'eux avec tant de... désinvolture. Seraient-ce ces jongleries que le Père Boutrais trouve « savantes et spirituelles » ?[1]

VI

Voici, comme nouveau spécimen du genre de M. Truchet, la manière dont il commente et résume le passage — néanmoins purement conditionnel et hypothétique — des Bollandistes dont il croit pouvoir m'opposer l'autorité. Leur autorité, il la trouve « incontestable » pourvu qu'elle ne lui soit pas contraire et qu'elle se range à son avis ; car, autrement, il en fait litière et oppose, à leurs affirmations catégoriques, les suppositions, aussi dénuées de vraisemblance que de vérité, dont il a besoin pour étayer ses conceptions imaginaires.

[1] Voir son B. Ayrald, page 11.

Ainsi, les Bollandistes avaient dit, pour prouver que saint Bénézet était venu du Vivarais, et non de la Savoie, à Avignon : « Saint Bénézet a traversé le Rhône pour « arriver à Avignon ; ce qu'il n'aurait point fait, s'il était « venu de la Savoie » : A cet argument si simple et si juste, M. Truchet répond sans sourciller : « Il est évident « qu'on peut aller de la Savoie à Avignon sans traverser « le Rhône ; mais *il ne l'est pas moins que l'on peut aussi* « *y aller en traversant ce fleuve deux fois, et qui nous* « *dit que ce n'est pas ce qu'a fait saint Bénézet ?* Ses « actes disent, à la vérité, qu'arrivé en face d'Avignon et « voyant la largeur du fleuve il en fut effrayé ; mais il ne « suit pas de là qu'il ne l'eût pas encore vu : *il pouvait* « *l'avoir traversé déjà plus haut sans s'effrayer de sa lar-* « *geur*, soit parce qu'elle n'était pas aussi considérable en « cet endroit qu'à Avignon, soit parce qu'il ignorait que ce « fut le Rhône, soit par ce que, le pont ne devant pas « être jeté sur ce point, il ne s'inquiéta pas de sa plus ou « moins grande largeur ».

M. Truchet oublie de nous dire ici beaucoup de choses et, surtout, si c'est à gué, à la nage ou transporté par un ange que le saint avait traversé une première fois le Rhône ; et, dans ce cas, pourquoi il n'avait pas eu recours au même moyen de transport, la seconde fois ; au lieu de se laisser arracher pour prix de son passage, par le bate-lier juif, les trois seules oboles qui composaient tout son pécule quand il abandonna son troupeau...! Et voilà les arguments péremptoires que M. Truchet oppose aux Bollandistes dont l'autorité n'est plus « incontestable » dès qu'ils n'ont pas l'heur d'être de son avis. Oh ! si nous avions commis de pareils !

Mais revenons à la manière dont il les cite et les résume

quand il veut nous les opposer. Il ne s'agit point, ici, d'examiner s'il est vrai, comme ils le supposent d'après les Frères de Sainte-Marthe, que l'évêque Aycald ou Ayrald de 1125 ait eu pour successeur immédiat l'évêque Ayrald de 1134 ; nous avons vu plus haut, en discutant le passage de Le Coulteux sur le même sujet, que cette supposition est entièrement erronée. Il ne s'agit pas, non plus, d'examiner s'il est vrai que le premier Ayrald ait été chanoine régulier, et le deuxième chartreux avant son épiscopat ; nous avons déjà prouvé et nous prouverons encore bientôt que tout cela est faux ; il s'agit seulement d'examiner comment M. Truchet cite et résume les Bollandistes.

Après avoir exposé l'opinion de Le Coulteux qui réfute, au moyen des textes de Guigues-le-Chartreux, les erreurs de Théophile Raynaud, le Bollandiste Papebrock hasarde ainsi la sienne, sous forme purement conditionnelle et dubitative : *Interim suggero in ipso fortassis qui illustrandus erat contextu latere vitium, et pro Ayraldo legendum : Aycaldum, quem Sammarthani ponunt Ayraldi Cartusiani decessorem, ex publicis scripturis notum pro anno 1125. Hic, ante episcopatum, gratianopoli canonicus regularis Beati viri Hugonis in tractantis ecclessiaticis rebus per triginta fere comes extiterit annos : et sic maneret carthusianus Ayraldus...* Ou en français : « Entre temps, voici ce que je propose ou « suggère (*suggero*) : Peut-être, *fortassis*, s'est-il glissé « une erreur dans le texte à annoter ; et, au lieu d'Ayrald, « faut-il lire Aycald, dont les Frères de Sainte-Marthe font « le prédécesseur d'Ayrald le chartreux, et dont l'exis- « tence en 1125 est attestée par des documents publics. « Or, celui-ci aurait été, *extiterit*, avant son épiscopat,

« chanoine régulier à Grenoble et, pendant une tren-
« taine d'années environ, collaborateur de saint Hugues
« dans la gestion des affaires ecclésiastiques ; et ainsi
« Ayrald demeurerait chartreux, *maneret carthusianus*,
au conditionnel ; et non pas *manebit* au futur absolu,
comme l'écrit M. Truchet (page 17), en falsifiant le texte
cité, sans doute pour préparer de loin l'incroyable *aliena*
dont il fait suivre le texte de Papebrock et que voici :

« .... après avoir examiné les textes de Guigues et les
« raisons de Le Coulteux, les Bollandistes arrivent à ces
« conclusions » — non pas conclusions, mais suppositions —
« 1° qu'une erreur s'est probablement » — non pas probablement, mais peut-être, *fortassis*, ce qui est bien différent — « glissée dans la vie de saint Hugues par Guigues ;
« 2° que la qualité de chanoine régulier à Grenoble (*non*
« *pas à Saint-André*) et de collaborateur de saint Hugues
« ne doit pas » — non point, ne *doit* pas ; mais ne *devrait*
pas, l'hypothèse de l'erreur dans le texte étant admise,
extiterit — « être attribuée à Ayrald, mais à Aycald ou
« Ayrald I, évêque de Maurienne en 1125 ; 3° qu'Ayrald II,
« celui qui siégeait en 1134, celui au sujet duquel Le
« Coulteux avait écrit à Papebrock a *réellement été* char-
« treux » — non pas *a* réellement été, mais *aurait été*, ou
demeurerait chartreux, *maneret cartusianus*, étant admise l'hypothèse susdite, proposée sous forme de simple
peut-être, *fortassis*. — Et c'est ce timide peut-être que
M. Truchet nous donne (page 15) pour l'opinion « définitive et de très grande importance » des Bollandistes !
Il est vrai que, sous sa plume, le *maneret* devient *manebit* ; le ne *devrait* pas se change en ne *doit* pas ; le
peut-être, en *probablement*, d'abord, puis en *réellement* ;
ou, si l'on veut, la tête d'Apollon devient tête de souris ! ! !
Est-ce assez fort ?

VII

Encore un *specimen*, parmi cinquante autres passés sous silence, des... habiletés étonnantes de M. Truchet ; mais ce sera le dernier.

En tête du paragraphe consacré au B. Ayrald dans les *Recherches*, j'avais ainsi placé entre parenthèses (page 325) les diverses variantes du nom d'Ayrald : — Airald, Ayrard, Airaud, Ariald, Heirald, Eirald, Erard et Tairold, — comme je l'avais, du reste, fait ailleurs pour plusieurs autres noms propres (voir page 297 pour Montailleur, page 643 pour la Ravoire, page 645 pour la Thuile, page 682 pour Thoiry, etc., etc.)

M. Truchet cite d'abord exactement (page 10), ces diverses variantes. Puis posant un premier jalon, il ajoute : « Quel est le véritable nom ? C'est ce qu'il est impossible de savoir. »

M. Truchet, qui se plait à semer la confusion partout, fait semblant de croire et nous dit que toutes ces variantes sont tirées des Cartulaires de saint Hugues. Le fait est que trois seulement : *Airaldus, Eiraldus et Heiraldus*, y figurent, comme chacun peut s'en assurer en consultant ces cartulaires, publiés et abondamment répandus depuis plusieurs années. Entre ces trois variantes, dont deux se rencontrent parfois dans une même charte, il n'y a d'ailleurs de différence que pour l'œil ; il n'y en a aucune pour l'oreille. Ce qui s'explique fort bien quand on sait que, au lieu de faire copier, par ses secrétaires, les chartes qu'il voulait insérer dans ses Cartulaires, saint Hugues tenait à les leur dicter lui-même, comme nous l'apprend Hugues II, son successeur. (Voir la charte 125 du troisième

Cartulaire.)Aucun doute ne peut donc subsister sur l'identité du personnage qu'elles désignent. D'autres variantes : *Arialdus, Ailardus et Ayrardus*, sont fournies par les Bollandistes, où M. Truchet les a lues comme nous. La dernière, *Tairoldus*, se rencontre une seule fois dans une seule charte, datée de 1138 Elle s'applique non à Ayrald, doyen ou archiprêtre de saint Hugues — ce qu'il n'était plus depuis 1132, — mais au même Ayrald, alors évêque de Maurienne, qui y est ainsi désigné : *Tairoldus*[1] *Maurianensis episcopus, vir magnæ maturitatis et consilii* (*Recherches*, pages 330 et 357).

Ce Tairold s'éloigne déjà passablement du nom le plus usuel, Ayrald ; mais pas encore assez au gré de M. Truchet, qui a besoin de poser un nouveau jalon. Aussi, dès la page suivante, il substitue à *Tairold* une variante de sa façon : *Taibold*, où la labiale *b* prend la place de la liquide *r*. J'avais cru d'abord à une simple faute d'impression ; mais j'étais dans l'erreur. Une fois nanti de son *Taibold*, M. Truchet ne le lâche plus. Après l'avoir donné page 11, ligne 11 ; il le répète, même page, ligne 27 ; page 12, ligne 1 ; page 14, ligne 1 ; page 18, ligne 18, et le met chaque fois en opposition avec le mot Ayrald. Une telle insistance montre assez que la création de cet intrus, *Taibold*, a été voulue et calculée dans le but de jeter de l'incertitude et de la confusion dans l'esprit du lecteur, sur l'identité du personnage désigné dans les vieilles chartes

---

[1] La charte de 1138 est tirée des archives de Saint-Maurice d'Agaune par Cibrario et Promis qui l'ont insérée page 42 et suivantes de leur *Documenti. Sigilli*, etc. (voir *Recherches*, page 330). On y lit : *Tairoldus* pour *Airaldus*, comme on y lit *Therberto* pour *Herberto*. L'addition du T, en tête de chaque mot, vient sans doute d'une mauvaise lecture de ces mots de la part des paléographes piémontais.

sous l'une ou l'autre des variantes réelles du nom d'Ayrald; car « qui nous prouve », se demande d'un air sérieux M. Truchet (pages 11 et 12), « qu'Ayrald et *Taibold*, « sont deux formes du nom du même personnage ?..... » Rien ne le prouve en effet. Aussi garderons-nous notre Ayrald avec ses véritables variantes, pour laisser à M. Truchet le *Taibold* de son invention qu'il ose cependant donner à ses lecteurs (page 14, ligne 1) comme extrait « des chartes de 1108 et 1111 des cartulaires de saint Hugues !

Finissons-en avec toutes ces... habiletés. Et sans nous arrêter davantage aux mille cavillations et sophistications dont sa *Réponse* est remplie, essayons de fournir à M. Truchet les renseignements qu'il désire au sujet des titres et documents par nous allégués en faveur de notre thèse ; de résoudre les objections qui l'embarrassent, et de lui procurer ainsi le surcroît de preuves dont il a besoin pour être « convaincu », si tant est qu'il consente à l'être, que le B. Ayrald, évêque de Maurienne de 1132 à 1146, n'avait jamais été chartreux avant son épiscopat ; mais qu'il avait été chanoine régulier, doyen de Saint-André ou archiprêtre de saint Hugues, etc.

VIII

Enfin, il me reproche (p. 3) de renvoyer à un autre volume la publication des pièces justificatives du premier, ce qui « l'oblige, sur bien des points de croire sans voir ». — Le reproche est d'autant moins fondé qu'il s'agit ici des quelques pièces justificatives tirées des Cartulaires de saint Hugues. Or, ces Cartulaires sont publiés depuis

bientôt 17 ans ; M. Truchet aurait donc pu y lire les
chartes en question, même indiquées vaguement. Mais,
pour couper court à ses récriminations, j'aurai soin, dans
le paragraphe suivant, de ne pas citer un seul extrait de
ces cartulaires, sans indiquer avec précision le numéro de
la charte d'où il est tiré ; afin que, dans ces cartulaires
aujourd'hui imprimés et partout disséminés, M. Truchet
puisse et doive, dès ce moment, lire tout à son aise le
texte intégral de la charte et, dans ce texte, la condamnation formelle de sa propre thèse.

§ 2

Objections de M. Truchet.

Sommaire.

I. L'évêque Aicald de 1125 ne serait-il pas le même que le doyen
Ayrald ami de saint Hugues ? — Non, l'évêque Aicald de 1125 était
déjà remplacé en 1127 par Conon II auquel notre doyen Ayrald ne
succéda qu'en 1132. — II. Guigues-le-Chartreux ne dit pas que l'évêque Ayrald, dont il fait mention, eut été doyen de Saint-André. —
C'est vrai, Guigues ne le dit pas ; mais les Cartulaires de saint Hugues le disent vingt fois pour une. — III. Les expressions de Guigues, *habitu et vita regularis*, ne peuvent-elles pas indiquer la régularité qu'Ayrald mettait dans sa vie, aussi bien que sa profession de
chanoine régulier ? — Non, surtout quand ces expressions, appliquées
à Ayrald, sont mises en opposition avec ces autres expressions : *posterior vero ex nobis monachus*, appliquées à Hugues II. — IV. Qu'est-
ce que l'archiprêtre d'un évêque ? — L'archiprêtre d'un évêque du
XIIe siècle était ce qu'est aujourd'hui un vicaire général, dont nul ne
songe à demander ce que c'est, chacun le sachant très bien. — V. Le
nunc de Guigues peut-il se rapporter au temps où il aurait pris des
notes pour écrire la vie de saint Hugues ? — Non, car jamais Guigues

n'avait pris des notes dans ce but. Et ce *nunc*, écrit par un chartreux du xi.º siècle, et accepté par les chartreux de nos jours, suffit pour démolir les traditions contraires de Maurienne. — VI. Comment prouver que ces expressions de Guigues : *archipresbiter tunc ipsius*, doivent s'appliquer à l'archiprêtre de Saint-André, plutôt qu'à celui de Grenoble ou à tout autre du diocèse? — Par de nombreuses chartes des Cartulaires de saint Hugues. Ces chartes : 1º désignent souvent Ayrald sous le titre de doyen ; ce qui exclut déjà les archiprêtres de Viennois et d'au-delà du Drac, qui n'avaient pas le titre de doyen. 2º Elles le désignent parfois sous le titre de doyen de Saint-André, ou de Savoie ; ce qui exclut encore les doyens de Grenoble ses contemporains, dont les noms sont d'ailleurs connus. 3º Elles le montrent travaillant assidûment avec saint Hugues, évêque de Grenoble, à la gestion des affaires ecclésiastiques de son diocèse, et 4º y travaillant près de 30 ans. Les affirmations de Guigues au sujet d'Ayrald, son contemporain et son intime ami, sont donc toutes confirmées par diverses chartes des Cartulaires de saint Hugues, le contemporain et l'ami de l'un et de l'autre. — M. Truchet a perdu de vue les règles de critiques et les sages conseils du Bollandiste Papebrock, dont il avait lu le commentaire historique sur sainte Roseline. — VII. Les conclusions de la sacrée Congrégation des Rites au sujet de l'état de vie du B. Ayrald avant son épiscopat, conclusions insérées au décret confirmatif de son culte en 1863, pouvaient-elles « me faire hésiter » à émettre une opinion contraire dans la Notice sur le B. Ayrald ? 1º me faire hésiter avant 1863? — Non, car alors le Décret n'existait point encore, et la *Notice*, avait été écrite et, qui plus est, communiquée depuis plusieurs années à la commission d'enquête, lorsque le décret paru. Si quelqu'un devait « hésiter », alors, c'étaient les membres de la commission d'enquête qui, au dire du P. Boutrais, ont persisté jusqu'à la promulgation du décret à « ne faire nulle mention » devant la sacrée Congrégation des Rites, des documents irréfutables invoqués à l'appui de ma *Notice*, dont ils m'avaient prié de différer la publication. 2º Me « faire hésiter » à publier la *Notice* même après la promulgation du décret ? Oui, sans nul doute, si les divergences entre la Notice et le Décret avaient trait à la sainteté, aux vertus ou aux miracles du Bienheureux, ou bien à la foi, aux mœurs ou à la discipline, toutes choses sur lesquelles s'étend l'infaillibilité Pontificale. Mais, ici, les divergences n'ont trait qu'à des faits purement historiques ; or, dans ce cas, l'église laisse pleine liberté de discussion à ses enfants. Et loin de lui manquer de respect, c'est entrer dans ses vues et répondre à ses intentions que de chercher à rétablir la vérité sur des faits erronés, même insérés aux leçons ou légendes du Bréviaire, surtout lorsque l'erreur d'une première version vient à être démontrée, comme cette fois, au moyen de documents émanés de personnages désintéressés dans la question, graves, probes, vertueux, contemporains et témoins oculaires du fait qu'ils racontent ; tels en un mot que les désire Benoît XIV dans son *Traité de la Béatification de la Canonisation.—* VIII. Motifs pour lesquels le diocèse de Maurienne et l'Ordre des chartreux sont également intéressés, dans la question de savoir si le B. Ayrald a été chanoine régulier ou chartreux, avant son épiscopat.

Nous n'aurons pas à discuter, dans ce paragraphe, les textes ou documents produits par M. Truchet en faveur de sa thèse ; il n'en apporte pas un seul nouveau dans la controverse. Toute sa tâche se borne à essayer d'ébranler les nôtres... sans y parvenir.

Il nous suffira donc d'examiner et de résoudre les objections et difficultés spécieuses, soulevées par lui contre notre thèse, ou contre les textes et arguments divers qui lui servent de point d'appui. Elles peuvent se ranger sous cinq ou six chefs principaux.

I

M. Truchet se demande (page 10) si l'évêque Aycald, ou Ayrald, qui occupait le siège de Maurienne en 1125, « ne « serait pas notre doyen de Saint-André.... et l'ami de « saint Hugues dont parle Guigues-le-Chartreux. »

La réponse est facile. — Non, l'évêque Aycald ou Ayrald de 1125 n'est pas le même qu'Ayrald, ami de saint Hugues. En voici la preuve : l'évêque Ayrald, qui avait été précédemment doyen de Saint-André, ou archiprêtre et ami de saint Hugues, est bien celui-là même qui était

évêque de Maurienne à l'époque (1135-36) où Guigues
écrivait : *Archipresbyter tunc ipsius, nunc maurianensis
Episcopus ;* or, Aicald ou Ayrald qui était évêque de Maurienne en 1125, ne l'était déjà plus en 1127, année où il
avait Conon II pour successeur sur le siège épiscopal de
Maurienne, ainsi que nous l'avons déjà démontré ci-
devant [1]. Et ceci, M. Truchet le sait comme nous, lui
qui reproche avec raison (page 10, lignes 16, 17, 18) à
l'historien Combet, de confondre l'Ayrald ou Aicald de
1125 avec le B. Ayrald (1132-1146) et de « supprimer
« Conon II qui siégea entre l'un et l'autre ». Donc, il
n'y a ni identité de personne, ni confusion possible entre
l'évêque Aicald de 1125, et le doyen de Saint-André,
Ayrald, l'ami de saint Hugues, dont parle Guigues-le-Chartreux.

II

M. Truchet ajoute (page 11) : « Guigues ne dit pas que
« 'l'Ayrald dont il parle, et qui était évêque de Maurienne
« après avoir été archiprêtre de l'évêque Hugues, ait été
« archiprêtre ou doyen de Saint André, plutôt que de
« Grenoble, de Viennois ou d'au-delà du Drac ».

C'est très vrai ; Guigues ne le dit pas. Mais, ce qu'il ne
dit pas, les Cartulaires de saint Hugues de Grenoble,
d'accord avec sa *Biographie*, le disent vingt fois pour une,
comme je le prouverai bientôt [2] ; comme le sait d'ailleurs
encore très bien M. Truchet ; et comme ses lecteurs le
sauraient également, s'il n'avait eu soin de le leur laisser

[1] Page 33.
[2] Voir ci-après le n° V.

ignorer, en supprimant, lorsqu'il me cite, juste les mots qui le leur auraient appris [1].

III

Après avoir rappelé (*Réponse* page 13) le premier texte de Guigues-le-Chartreux, celui où il avait affirmé, en parlant d'Ayrald évêque de Maurienne, et de Hugues II évêque de Grenoble, que, avant de devenir évêque, le premier avait été chanoine régulier... *è quibus prior habitu et vitâ regularis*, et le second avait été chartreux... *posterior verò ex nobis monachus*, M. Truchet nous dit : « Ces « expressions, *habitu et vitâ regularis*, peuvent indiquer « tout aussi bien la régularité qu'Ayrald mettait dans sa « vie d'évêque, que la profession de chanoine régulier « qu'il avait eue avant son épiscopat ».

D'après l'ensemble du contexte, il est au contraire évident pour tout lecteur impartial que, par ces expressions : *habitu et vitâ regularis*, appliquées à l'évêque Ayrald et mises en regard de ces autres expressions : *posterior verò ex nobis monachus*, appliquées à l'évêque Hugues II, Guigues entend parler, dans un cas comme dans l'autre, de l'état de vie de chaque évêque avant son épiscopat ; et non point parler, la première fois, « de la « régularité qu'Ayrald mettait dans sa vie d'évêque » et, la deuxième fois, de l'état de vie de Hugues II avant son épiscopat.

Je ne pense pas qu'il puisse rester, dans l'esprit de qui que ce soit, le moindre doute à ce sujet. Mais à supposer

---

[1] Voir ci-devant p. 36.

qu'il en restât, il suffirait, pour le dissiper, de consulter
les documents du temps (xii° siècle) pour se convaincre
que, par les expressions *habitus regularis*, même isolées,
on entendait l'habit de chanoine régulier, et pas autre
chose. En voici une preuve péremptoire, entre beaucoup
d'autres :

Dans la charte de fondation du chapitre de chanoines
réguliers de *Saint-Martin-de-Miséré*, charte insérée dans
chacun des trois Cartulaires de saint Hugues [1], le grand
évêque de Grenoble s'exprime ainsi : « Trois clercs... vou-
« lant renoncer au monde, vinrent me demander l'habit
« régulier... » *Tres quippe clerici.... sæculo abrenuntiare*
volentes, venerunt ad me postulantes ut eis REGULA-
REM HABITUM *traderem....* et un lieu où ils pussent
vivre sous la profession de chanoines. Je leur ai accordé
l'église de Saint-Martin, et la partie méridionale de son
territoire..... J'y ai ajouté, plus tard, d'autres églises....
Ils reçurent de nous l'habit régulier dans notre synode.....
Qui in synodo nostrâ HABITUM REGULAREM *à nobis sus-*
ceperunt.

Il est clair que ceux qui reçoivent l'habit régulier pour
vivre sous la profession de chanoines, deviennent par le
fait chanoines réguliers, *canonici regulares*. Toutefois, le
mot précis et consacré, j'allais dire le mot technique, n'est
pas encore prononcé. Mais passons à la fin de la charte,
et nous l'y trouverons en toutes lettres. «... Si cependant,
ce qu'à Dieu ne plaise », poursuit saint Hugues, « le lieu
« prénommé de Saint-Martin-de-Miséré venait à être un
« jour privé de chanoines réguliers »... *Et si forte, quod*

---

[1] Cette charte, n° 34 des pièces justificatives, se lit sous les
n°s 4 du 1ᵉʳ Cartulaire de saint Hugues, 18 du iiᵉ, et 95 du iiiᵉ.

absit, prœnominatus locus CANONICORUM REGULARIUM *solatio
destitutus fuerit* ... « alors, les églises et biens ecclésias-
« tiques susdits feraient retour à nous ou à nos successeurs ».

Par ces expressions, même isolées : *habitus regularis*,
on entendait donc bien l'habit de chanoine régulier ; et
dire de quelqu'un qu'il était *habitu regularis*, ou *habitu et
vitâ regularis*, c'était dire de lui qu'il portait l'habit, ou
qu'il portait l'habit et suivait la règle, ou vivait de la vie des
chanoines réguliers ; ou, en d'autres termes, qu'il était
chanoine régulier.

A plus forte raison, les expressions *habitu et vitâ regularis*, appliquées à Ayrald, devaient-elles avoir cette signification lorsqu'elles étaient, comme dans le texte de Guigues, mises en opposition avec d'autres expressions
indiquant pour Hugues II, avant son épiscopat, une profession autre, ou un état de vie différent, celui de chartreux : *ex nobis monachus*.

J'espère qu'il ne restera plus maintenant aucune obscu-
rité dans l'esprit de M. Truchet sur la véritable signification
de ce passage si probant de Guigues-le-Chartreux, et
qu'un premier point sera désormais irrévocablement acquis
à ma thèse : à savoir, qu'Ayrald, évêque de Maurienne
au moment où Guigues écrivait la *Biographie* de saint
Hugues (entre 1134 et 1137), n'avait jamais été chartreux
avant son épiscopat ; mais qu'il avait été chanoine régulier, et environ trente ans collaborateur de saint Hugues,
dans la gestion des affaires ecclésiastiques.... *Airaldus et
Hugo Maurianensis et Gratianopolitanus episcopi, è quibus* PRIOR, HABITU ET VITA REGULARIS, *beati viri in tractandis
ecclesiasticis rebus per triginta fenè comes extitit annos ;*
POSTERIOR VERÒ, EX NOBIS MONACHUS.

IV

M. Truchet n'est pas édifié sur la question de savoir en quelle qualité Ayrald avait travaillé trente ans avec le saint évêque de Grenoble. Nous lui répéterons que c'est en qualité d'archiprêtre de saint Hugues, titre que lui donne Guigues-le-Chartreux dans un second passage ; ou, ce qui est équivalent, et revient absolument au même, en qualité d'archiprêtre ou de doyen de Saint-André, titre que lui donne saint Hugues dans ses Cartulaires.

M. Truchet cite (page 14) ce second passage de Guigues-le-Chartreux sur notre Ayrald : « Hugues s'entretenant, « un jour, de la garde des sens avec plusieurs religieux « (parmi lesquels se trouvait un homme d'une grande « science et de la pureté la plus délicate, savoir le sei- « gneur Ayrald, alors son archiprêtre, et maintenant « évêque de Maurienne) ledit seigneur Ayrald, homme de « Dieu, lui répondit... » ... *De qua etiam cohibentia sensuum cùm vice quadam cum religiosis quibusdam colloqueretur (inter quos erat vir litteris et puritate conspicuus, dominus scilicet Airaldus, archipresbyter* TUNC *ipsius,* NUNC *Maurianensis episcopus) respondit idem vir Domini Airaldus....* » Puis il ajoute : « Ce pas- « sage ne me paraît ni aussi clair ni aussi concluant « qu'à M. Trepier, et il ne favorise pas plus sa thèse que « la nôtre. En effet : 1° qu'est-ce que l'archiprêtre d'un « évêque ; et comment M. Trepier prouverait-il que l'ar- « chiprêtre de Saint-André était plutôt que celui de « Grenoble, ou tout autre, l'archiprêtre de saint « Hugues ? »

Il y a ici deux questions. La première est à peine

sérieuse ; car, demander ce que c'est que l'archiprêtre
d'un évêque du xii⁰ siècle (époque où nos archiprêtres
modernes, ou archiprêtres cantonnaux, n'existaient point
encore), c'est à peu près comme si on demandait ce que
c'est que le vicaire général ou l'official d'un évêque de
nos jours ; puisque, personne ne l'ignore, et M. Truchet
moins que tout autre, les grands archiprêtres ou doyens
du xii⁰ siècle remplissaient ordinairement ces doubles
fonctions, chacun dans son district. Or il ne viendrait à la
pensée de personne, aujourd'hui, de demander ce que c'est
que le vicaire général d'un évêque ; chacun le sachant
parfaitement.

La deuxième question est à peine intelligible. Je n'ai
dit nulle part et je ne prétends point prouver « que
« l'archiprêtre de Saint-André était, plutôt que celui
« de Grenoble, ou tout autre, l'archiprêtre de saint
« Hugues ». Je suppose que M. Truchet veut demander
comment je prouverais que ces expressions de Guigues-le-
Chartreux : *archipresbyter* tunc *ipsius*, doivent s'entendre de l'archiprêtre de Saint-André, plutôt que de l'archiprêtre de Grenoble, ou de tout autre archiprêtre du diocèse
de saint Hugues.

La réponse à cette deuxième question, ainsi comprise,
est déjà à moitié faite, et la preuve congrue suffisamment
indiquée, plus haut, sous le numéro II (page 48). Mais
nous y reviendrons bientôt sous le numéro VI, où nous lui
donnerons tous les développements qu'elle comporte.

V

« Si *nunc* », dit ensuite M. Truchet « si *nunc* doit
« nécessairement être traduit par maintenant ; ce main-

« tenant se rapporte-t-il au moment où Guigues rédi-
« geait définitivement la *Vie de saint Hugues*, ou à
« celui où il avait pris les notes dont il se servit pour sa
« rédaction; car il entre, sur cet épiscopat de cinquante-
« deux ans, (1080-1132) dans des détails minutieux qui
« ne pouvaient être restés, d'une manière aussi précise,
« gravés dans sa mémoire ? »

C'est raisonner comme si, d'un côté, il ne résultait pas
avec évidence, de la réponse même de Guigues à Innocent
II [1], qu'il n'avait jamais pris de notes dans ce but, puisqu'il
n'a songé et consenti à écrire la *Vie* de saint Hugues que
deux ans après la mort du saint évêque, lorsqu'il en eût
reçu l'ordre formel du Pape en 1134 ; et comme si, d'un
autre côté, on ne savait pas que Guigues, outre qu'il
était compatriote de saint Hugues, a vécu vingt-cinq ans
dans son voisinage et son intimité ; trois ans (de 1107 à
1110) en qualité de simple religieux, et vingt-deux ans
(de 1110 à 1132) en qualité de prieur de la Grande-Chartreuse ; intimité qu'il se plaît à rappeler deux fois dans sa
Réponse à Innocent II ; et comme si, enfin, on ne savait
pas que, pour les détails biographiques qu'il aurait pu
ignorer personnellement, Guigues avait, en quelque sorte
sous la main, les sources d'informations les plus sûres et
les plus variées dans les documents, chartes et Cartulaires
laissés par le saint évêque, dans les nombreux survivants
qui l'avaient longtemps vu à l'œuvre, et parmi eux, surtout, soit dans notre B. Ayrald, qui avait été trente ans son
collaborateur et son ami, soit dans le B. Ulric ou Odolric,
alors évêque de Die, et qui avait été longtemps, d'abord

---

[1] Voir le n° 54 des Pièces justificatives du Décanat ; tom. VI des
Documents publiés par l'Académie de Savoie.

prieur de Domène, puis chanoine de la cathédrale et, enfin, doyen du chapitre et du Décanat de Grenoble !

M Truchet dit encore : « ce mot seul *nunc* suffit-il « pour anéantir toutes les traditions des chartreux et « du diocèse de Maurienne ? »

Mais pourquoi venir parler ici des traditions des chartreux et les mettre en opposition avec ce *nunc?* Les chartreux ont mieux que des traditions. Ils ont ce texte clair, catégorique, tracé au XIIᵉ siècle par la plume de l'un de leurs plus illustres pères, celle du prieur Guigues, contemporain des faits qu'il raconte : *archipresbyter* TUNC *ipsius,* NUNC *Maurianensis episcopus.* Or, ce texte, les chartreux de nos jours, comme ceux du temps passé, l'acceptent dans toute son intégrité, aussi bien pour le *nunc* que pour le *tunc,* sans en répudier la moindre parcelle (voir dom Boutrais : *Le B. Ayrald* pages 16 et 17). Ne parlons donc plus ici des traditions des chartreux ; tenons-nous en à leurs textes authentiques et contemporains des faits.

Quant aux « traditions du diocèse de Maurienne » invoquées par M. Truchet ; il eut été beaucoup plus rationnel de renverser sa proposition, et de se demander si ces traditions vagues, incertaines, contradictoires et postérieures de plusieurs siècles au texte de Guigues, suffisaient pour aller démolir, par effet rétroactif, cet inébranlable *nunc* qui les frappait d'avance de caducité et d'erreur. Mais poser ainsi la question c'eut été la résoudre et non l'embrouiller ; ce qui n'aurait pas fait le compte de M. Truchet.

Toutefois, après ce qui vient d'être dit, j'espère qu'il ne persistera plus à trouver que le texte de Guigues ne lui parait ni « clair » ni « concluant » ; et à soutenir qu'il « ne favorise pas plus ma thèse que la sienne ».

VI

M. Truchet se demande (page 14) comment je prouverais que ces expressions de Guigues : *archipresbyter tunc ipsius*, doivent s'entendre de l'archiprêtre de Saint-André, plutôt que de l'archiprêtre de Grenoble ou de tout autre archiprêtre du diocèse.

Il ne suffit donc pas d'avoir démontré par les deux textes de Guigues ; 1° qu'Ayrald, évêque de Maurienne en 1135-36 — et par conséquent de 1132 à 1146 puisque, M. Truchet l'affirme avec nous, il n'y a eu, en Maurienne, qu'un seul évêque de ce nom durant cette période, — n'avait jamais été chartreux avant son épiscopat, et qu'il avait été chanoine régulier et environ trente ans collaborateur de saint Hugues ; il ne suffit pas non plus d'avoir démontré, 2°, qu'il avait été son collaborateur en qualité d'archiprêtre. Il faut encore, pour compléter et couronner notre thèse, prouver à M. Truchet, d'une manière invincible, que cet Ayrald, chanoine régulier, archiprêtre de saint Hugues et trente ans son collaborateur, n'était ni archiprêtre du Viennois, ni archiprêtre d'au-delà-du-Drac, ni archiprêtre ou doyen de Grenoble ; mais qu'il était archiprêtre ou doyen de Saint-André de Savoie.

Or, tout cela ressort avec la plus éclatante évidence de l'étude attentive de divers documents de la première moitié du xiie siècle et, par-dessus tout, de certaines chartes des Cartulaires de saint Hugues ; chartes dont la connaissance a malheureusement échappé aux recherches de dom Le Coulteux, qui n'aurait pas manqué d'y puiser, comme nous, un surcroît de preuves irréfutables en faveur de sa thèse, devenue aujourd'hui la nôtre.

I. On conçoit très bien que, le saint évêque ayant recueilli, dans des Cartulaires conservés par bonheur jusqu'à nous, les principaux actes concernant son administration épiscopale de cinquante-deux ans, nous devions retrouver aujourd'hui, dans plusieurs de ces actes, le nom d'un archiprêtre qu'il eut trente ans pour collaborateur ; et non-seulement son nom, mais des preuves nombreuses et irrécusables de son active et persévérante collaboration.

Le nom d'Ayrald figure, en effet, vingt-six fois dans les chartes et Cartulaires de saint Hugues ; ou tout au moins vingt fois, si on fait abstraction des chartes qui, étant répétées dans les Cartulaires, forment double emploi. Or ce nom y est toujours appliqué à notre même Ayrald, sans confusion possible avec un autre ; car aucun autre personnage portant le nom d'Ayrald n'est mentionné une seule fois dans toute l'étendue des trois Cartulaires.

Deux chartes où ce nom figure ont été passées sous Hugues II (1132-48), successeur de saint Hugues. Aussi, Ayrald y est-il qualifié d'évêque de Maurienne, et avec raison, puisqu'il l'était devenu en 1132. Toutes les autres chartes, dont les unes sont datées, et les autres ne le sont pas, ont été passées entre 1101 ou 1102 et 1131 ou 1132, c'est-à-dire dans les trente dernières années de l'épiscopat de saint Hugues, mort en 1132. Notre Ayrald y est invariablement désigné sous le titre de doyen Ayrald : *Airaldus*, et quelquefois *Eiraldus* et *Heiraldus Decanus*.

Nous avons vu (page 312 des *Recherches*) que des quatre grands archiprêtres de l'ancien diocèse de Grenoble, deux seulement, l'archiprêtre ou doyen de Grenoble et l'archiprêtre ou doyen de Saint-André, avaient le droit de porter le titre de doyen, à cause du chapitre de chanoines dont chacun d'eux était le chef, en même temps que chef de son décanat. Par cela seul que ces chartes lui donnent le titre de doyen, notre Ayrald n'était donc et ne pouvait être ni archiprêtre du Viennois, ni archiprêtre d'au-delà du Drac ; il ne pouvait plus être archiprêtre ou doyen que de l'archiprêtré ou décanat de Grenoble, ou bien de celui de Saint-André.

II. Mais, 1° : il était si peu archiprêtre ou doyen de Grenoble, qu'il est désigné en toutes lettres sous le titre de doyen de Saint-André, *Airaldus decanus sancti Andreæ*, dans une charte (n° 14 du III° Cartulaire) passée hors de son décanat ; et sous le titre équivalent d'Ayrald, doyen de Savoie, *Airaldus decanus de Savociâ*, dans une autre charte (n° 52 du même Cartulaire) également passée hors de son décanat.

2° Les autres chartes, assez nombreuses, où il est désigné sous le simple titre de doyen Ayrald, *Airaldus decanus*, sont toutes, à une ou deux exceptions près, passées à Saint-André même ou aux environs, signées par des habitants du pays, et consacrées à rappeler des donations, ventes ou restitutions faites à l'église ou au chapitre de Saint-André.

La simple qualification de doyen Ayrald, *Airaldus decanus*, indiquait déjà donc suffisamment qu'il était doyen de ce décanat de Saint-André dont les intérêts étaient en cause, et où se passaient les susdites chartes, et non doyen de Grenoble.

3° Nous connaissons parfaitement le nom des chanoines de la cathédrale qui furent doyen de Grenoble pendant que notre Ayrald était doyen de Saint-André, c'est-à-dire de 1101 ou 1102 à 1131 ou 1132. En effet, d'un côté, de

1092 à 1111 le doyen de Grenoble s'appelait Guigues. Il
figure sous ce nom dans des chartes des Cartulaires d'Oulx
et de saint Hugues datées des années 1095, 1099, 1105,
1106, 1108, 1110 et 1111. Une charte de 1108 (n° 5 du
IIIᵉ Cartulaire de saint Hugues) se termine ainsi... *Canonici
gratianopolitanæ Ecclesiæ... scilicet* GUIGO DECANUS, *Guigo
Lanz, de Rostagnus*... etc. On lit à fin d'une autre charte de
1111 (n° 102 du IIᵉ Cartul.)... *Hoc fuit factum apud Gra-
tianopolim... Testes...* GUIGO DECANUS, *Geraldus de Clais,
Folco, et ut ità dicam omnes canonici ferè interfuerunt...*
D'un autre côté, nous avons vu, dans les *Recherches*
(page 326) qu'Ayrald figurait aussi, comme doyen de
Saint-André, dans des chartes datées de 1108 et 1111.
Guigues était donc alors doyen de Grenoble, pendant
qu'Ayrald était doyen de Saint-André.

Le doyen Guigues eut pour successeur au décanat de
Grenoble le doyen Ulric ou Odolric. Celui-ci conserva ses
fonctions de doyen ou archiprêtre de Grenoble jusqu'aux
approches de la mort de saint Hugues, qui eut la consolation, dans sa dernière maladie, de le revêtir de l'habit de
chanoine régulier[1]. Odolric devint ensuite évêque de Die
vers 1131 ou 1132, c'est-à-dire, à peu près vers le même
temps où Ayrald cessait d'être doyen de Saint-André, et
devenait évêque de Maurienne.

Pendant qu'il était doyen de Grenoble, Odolric signa un
grand nombre de chartes, toutes sans date, sauf une seule,
(n° 54 du IIIᵉ Cartulaire) datée de 1124. Parmi ces chartes
sans dates, deux sont signées simultanément, selon l'ordre
de préséance[2], par nos deux doyens, Odolric et Ayrald.

[1] Bollandiste, 1ᵉʳ avril, *Vie de saint Hugues.*
[2] La première dignité ecclésiastique du diocèse de Grenoble, après
celle de l'évêque, était celle de doyen du chapitre et décanat de Gre-

La première (n° 14 du IIIe cartulaire) se termine ainsi...
*Testes indè sunt qui affluerunt præsentes... Odolricus
decanus... Airaldus decanus sancti Andreæ...* etc. Et on
lit à la fin de la seconde (n° 42 du IIIe Cartulaire)... *signum
Odolrici decani... signum Airaldi décani...* ; Odolric, à
son tour, était donc aussi doyen de Grenoble, en même
temps qu'Ayrald était doyen de Saint-André, entre 1111
et 1132.

Ainsi, Guigues et Odolric, voilà quels ont été successivement les deux doyens de Grenoble, pendant qu'Ayrald
était doyen de Saint-André.

Des diverses chartes des Cartulaires de saint Hugues
que nous venons d'interroger, il résulte clairement que cet
Ayrald, que Guigues-le-Chartreux nous dit avoir été
archiprêtre de saint Hugues, n'était ni archiprêtre de
Viennois, ou d'au-delà du Drac, ni archiprêtre ou doyen
de Grenoble ; mais qu'il était archiprêtre ou doyen de
Saint-André de Savoie. Saint Hugues lui-même l'a écrit
deux fois en toutes lettres dans ses Cartulaires, et l'a
maintes fois répété, en termes équivalents, 650 ans avant
moi, et du vivant d'Ayrald.

J'espère donc bien qu'on ne viendra plus m'objeter, ainsi
que l'a déjà fait dom C. Boutrais (page 17), que je suis
« le *premier et le seul* à avancer qu'Ayrald, archiprêtre de
« saint Hugues, était archiprêtre ou doyen de Saint-
« André ». Saint Hugues, on le voit, l'avait nettement
affirmé à diverses reprises, plus de six siècles avant moi,
dans ses Cartulaires.

noble... *Decanus primam obtinet in ecclesia [Gratianopolitana] post
episcopum dignitatem* (Pouillé de 1497) ; et la deuxième, celle de
doyen du chapitre et décanat de Saint-André.

III. Il résulte en outre, de l'étude de ces Cartulaires, une nouvelle preuve de l'exactitude des paroles de Guigues-le-Chartreux affirmant : 1° qu'Ayrald a été le collaborateur de saint Hugues dans la gestion des affaires ecclésiastiques de son diocèse ; 2° qu'il l'a été pendant près de 30 ans... *Beati viri intractandis ecclesiasticis rebus per triginta ferè comes extitit annos.* En effet :

Dans presque toutes les chartes où figure le doyen Ayrald, on le voit travailler avec zèle à la gestion des affaires ecclésiastiques du diocèse de Grenoble, surtout de la partie du diocèse qui lui était confiée, c'est-à-dire du dénanat de Saint-André, et y travailler ordinairement au nom de saint Hugues, ou de concert avec lui.

Ainsi, une charte sans date (n° 40 du IIIe Cartulaire) nous montre Achin de Saint-André, sa femme et ses enfants faisant restitution, donation et vente à l'évêque Hugues et et au doyen Ayrald... *episcopo Hugoni... et Heiraldo decano,* tous deux présents à Saint-André, de la dîme féodale qu'ils possédaient dans cette paroisse, et recevant en compensation des deniers de l'évêque, *de bonis episcopi,* 112 sous de Valence et 110 sous d'Aiguebelle.

Suivant une autre charte (n° 41 du même Cartulaire) aussi sans date, mais postérieure à 1111, Anselme de Saint-André, sa femme et leurs fils font l'abandon spontané, en faveur de l'évêque Hugues et de ses successeurs, de toute la dîme qu'ils possédaient dans la paroisse de Saint-André. Cette fois, l'évêque est absent ; mais le DOYEN AYRALD stipule pour lui, et signe l'acte, *signum Airaldi Decani,* avec plusieurs autres assistants de Saint-André et des environs.

Une autre charte (n° 43) du même Cartulaire) comprend quatre *alinéas* dont chacun résume une charte spéciale, ou peut-être plusieurs chartes antérieures que, pour abréger, l'auteur des Cartulaires n'a pas voulu y insérer intégralement. Suivant le premier *alinéa*, la femme de Guy de Cordon relâcha à saint Hugues la moitié de la dîme du hameau de Puseis ; et plus tard son fils Gaucelme demanda, sans doute comme compensation, qu'on fit toute l'année mémoire de sa mère dans l'église de Saint-André. L'évêque chanta la messe pour elle et, en outre, Gaucelme reçut 10 sous viennois du DOYEN AYRALD. — Dans le deuxième *alinéa*, on voit Nantelme de Menunce [ou Benonce[1]] relâcher à l'évêque Hugues, par l'entremise du DOYEN AYRALD, dont il reçut aussi 10 sous, la moitié de la dîme de Myans et de Chacusard. — Dans le troisième, Richard d'Apremont, Galterin d'Aix et son fils, qui possédaient ensemble le haut domaine sur la précédente dîme, l'abandonnèrent en présence du DOYEN AYRALD, et de plusieurs autres témoins, à l'évêque Hugues, dont Richard reçut une indemnité de 30 sous viennois. — Enfin, dans le quatrième, Gérald Alimar et son fils Berlion vendirent au DOYEN AYRALD, pour le prix de 40 sous viennois et de 7 sous de Blanchet, les deux parts de dîmes qu'ils possédaient à Villar-Géralt, et dont ils firent abandon à l'évêque.

La charte nᵒ 44 nous montre Pierre de Saint-André construisant, au profit de l'église Saint-André, une maison sur le territoire ou cimetière de cette église, et se contentant, pour toute subvention, de la chaux nécessaire à la construction qu'il reçut du DOYEN AYRALD, de 5 setiers de blé et de 3 setiers d'avoine qu'il reçut de l'évêque Hugues, et de ses aliments personnels qu'il reçut dans la maison des chanoines de Saint-André, pendant la durée des travaux de construction.

---

[1] Voir sur le nom patronymique de ce personnage, le *Décanat*, tom. I, page 84, note 65.

Dans une charte de 1108 (n° 113 du IIe Cartulaire,
et n° 30 du IIIe), on voit Guigues de Beaumont, sa femme
et ses enfants vendre à l'église de Grenoble, à l'évêque
Hugues et à ses successeurs, à l'église de Saint-André
de Savoie, à son DOYEN AYRALD et à tous les clercs présents et futurs de cette église, une pièce de terre située
à Vourey (une des paroisses ensevelies, plus tard, sous
les *abîmes de Myans*). Pour prix de cette terre, Guigues
de Beaumont reçut du chanoine Folcher, frère de Gérald
Moret, un cheval valant 60 sous, et un harnachement
valant 10 sous, sommes dont il fit don à l'église de Saint-
André pour le repos de son âme.

Suivant une autre charte passée à Saint-André le 4 juil-
let 1111 (n° 117 du IIe Cartulaire et n° 34 du IIIe) Jozlen de Saint-André, sa femme et ses enfants avaient déjà
engagé à l'église de Saint-André, pour le prix de 46 sous
et 4 deniers d'Aiguebelle, toute la dîme qu'ils possédaient à Saint-André, à l'exception de celle du hameau
de Chat-Vilar. Plus tard Jozlen, étant près de mourir, fit,
entre les mains du DOYEN AYRALD, abandon à l'église de
Grenoble, soit à celle de Saint-André, à l'évêque Hugues
et à ses successeurs, de toute la dîme qu'il possédait dans
le diocèse, sans excepter, cette fois, celle de Chat-Vilar.

Après la mort de Jozlen, mais avant sa sépulture, saint
Hugues étant arrivé à Saint-André, le fils, la femme, et
les frères de Jozlen ratifièrent et confirmèrent, entre les
mains du Prélat, tout ce que Jolzen avait relâché, précédemment, entre les mains du DOYEN AYRALD.

Toutes ces chartes, passées à Saint-André, prouvent assez,
datées ou non datées, avec quel zèle le doyen Ayrald
travaillait, de concert avec saint Hugues, à la gestion des
affaires ecclésiastiques du diocèse, ou du moins de la

partie du diocèse formant son décanat de Saint-André de
Savoie. On voit clairement, en les lisant, qu'Ayrald avait
été le véritable négociateur de la plupart des clauses qui
y sont stipulées, et que saint Hugues, quand il était pré
sent, ne faisait que ratifier et confirmer les actes préparé
par les soins d'Ayrald, son archiprêtre ou doyen de Saint
André.

Nous avions donc raison de dire (M. Truchet et, avec ou
sans lui, les lecteurs en conviendront comme nous) que la
collaboration de saint Hugues et de son archiprêtre ou
doyen Ayrald, attestée par Guigues-le-Chartreux, était
surabondamment démontrée d'avance par un grand nom
bre de chartes des Cartulaires de saint Hugues.

IV. Quant à la durée de cette collaboration, que Guigues
fixe à une trentaine d'années environ, sans doute on ne
peut pas la prouver d'une manière adéquate par la date de
ces chartes, puisque la plupart d'entre elles ne sont pas
datées ; mais il nous suffit, pour ne pas douter de la lon-
gueur de cette durée, de savoir non seulement qu'elle est
affirmée par Guigues-le-Chartreux ; mais encore qu'elle
trouve juste sa place entre l'année 1100, date de la dernière charte signée par le doyen Bernard, prédécesseur
immédiat du doyen Ayrald, et 1132, date généralement
admise de la promotion d'Ayrald du décanat de Savoie à
l'évêché de Maurienne [1].

Au surplus, bien que les chartes datées faisant mention
d'Ayrald ne portent que les dates de 1108 et 1111, on peut
cependant induire, d'autres chartes, la durée de cette collaboration.

[1] *Recherches*, pages 326, 327 et 349.

En effet, Ayrald doyen de Saint-André, signe deux chartes sans date, (les n⁰ˢ 14 et 42 du IIIᵉ Cartulaire) avec Odolric doyen de Grenoble, nous l'avons vu plus haut (page 60). Le même Ayrald en signe une autre, également sans date, (n° 44 du IIIᵉ Cartulaire) avec Pierre de Saint-André. Le doyen Ayrald était donc contemporain du doyen Odolric et de Pierre de Saint-André. Or, ces deux personnages signent ensemble une charte (n° 54 du IIIᵉ Cartulaire) qui porte la date du 8 mai 1124. Le doyen Ayrald qui signait avec eux des chartes non datées, devait donc vivre, comme eux, vers 1124.

Mais il y a plus ; car si nous ignorons à quelle époque précise Odolric, qui était doyen de Grenoble en 1124, avait succédé au doyen de Grenoble Guigues, qui signait encore, comme tel, une charte de 1111 (n° 102 du IIᵉ Cartulaire) nous savons du moins qu'Odolric resta doyen de Grenoble jusqu'aux derniers temps de la vie de saint Hugues (1131-1132), époque où le saint évêque eut la consolation de lui conférer, avant de mourir, l'habit de chanoine régulier.

Les chartes sans date, signées simultanément par les deux doyens Odolric et Ayrald, sont-elles antérieures ou postérieures à l'année 1124 ? Nous ne saurions le dire. Mais, ce qui est certain, c'est qu'Ayrald est resté doyen de Saint-André jusqu'à son élévation sur le siège épiscopal de Maurienne en 1132 ; ce qui est certain encore, c'est qu'il l'était déjà en 1108, et probablement dès 1101 ou 1102, puisque la dernière en date des chartes signées par le doyen Bernard, son prédécesseur immédiat, est de 1100.

Ainsi, on le voit, il n'est pas une seule des affirmations de Guigues-le-Chartreux au sujet du B. Ayrald qui ne

5

trouve ou sa démonstration anticipée et rigoureuse ou, tout au moins, son explication parfaitement logique et naturelle dans les Cartulaires de saint Hugues : Guigues nous dit qu'Ayrald, avant d'être évêque, avait été chanoine régulier, archiprêtre de saint Hugues, et 30 ans son collaborateur dans l'administration des affaires ecclésiastiques. Les Cartulaires désignent maintes fois Ayrald comme *archiprêtre ou doyen* de saint Hugues, puisqu'ils l'appellent *doyen ou archiprêtre de Saint-André*, l'un des quatre grands districts de son diocèse. Ils le désignent comme *chanoine régulier*, puisqu'ils en font le chef ou doyen d'un chapitre de chanoines réguliers, celui de Saint-André dont ils lui donnent le titre ; enfin, ils nous le représentent, dans un très grand nombre de chartes, comme longtemps l'assidu collaborateur du saint évêque dans l'administration des affaires ecclésiastiques du diocèse, et surtout de la section du diocèse dont il était chargé.

A cette question qu'il se posait (page 34 de sa *Réponse*) : « y a-t-il dans le Décanat de Savoie, dans le diocèse de « Grenoble, quelque part chez les chartreux, un indice « de culte, une tradition faisant, en faveur du système de « M. Trepier, un contre poids quelconque à nos traditions « et à nos témoignages ! » M. Truchet répondait : « Il n'y « a rien, absolument rien, *que des chartes qui sont en* « *dehors de la question*, qu'un *mot obscur* de Guigues, « qu'une contradiction ou un doute de Le Coulteux !... »

Au lecteur, maintenant, de juger si les chartes citées de saint Hugues sont « en dehors de la question », si Guigues n'a dit « qu'un mot » et si ce mot, prétendu unique, « est obscur ». Je laisse de côté Le Coulteux ; on m'objecterait qu'il n'est que du XVIIe siècle, et je tiens absolument à n'invoquer à l'appui de ma thèse, que des textes et documents du XIIe.

La première motié du XIIe siècle, voilà donc l'époque ; les *Cartulaires* écrits sous la dictée de saint Hugues de Grenoble, et sa *Biographie* écrite par son contemporain Guigues-le-Chartreux, l'un des plus éminents personnages de l'Ordre cartusien ; voilà les sources pures et limpides où commence, pour nous, l'histoire authentique du B. Ayrald.

Vingt fois pour une, dans ses Cartulaires, saint Hugues nous le montre chef d'un chapitre de chanoines réguliers, et par conséquent *chanoine régulier* lui-même ; vingt fois pour une il le désigne au moins implicitement, quand il ne le fait pas en toutes lettres, comme archiprêtre ou doyen du Décanat de Saint-André, l'une des quatre grandes sections de son diocèse et, par conséquent, comme l'un de ses propres archiprêtres à lui-même ; vingt fois pour une, enfin, il nous le montre travaillant assidument et longtemps, de concert avec lui, à l'administration des affaires ecclésiastiques du diocèse.

Saint Hugues meurt en 1132. Trois ou quatre ans plus tard, Guigues-le-Chartreux écrit sa *Biographie* sur les ordres du pape Innocent II. Et reprenant, en quelque sorte en sous-œuvre, ce que saint Hugues avait dit vingt fois pour une avant lui, il affirme à son tour, pour ainsi dire *ex professo*, en historien qu'il est ; 1° que, avant son épiscopat, Ayrald avait été chanoine régulier (et non chartreux) ; 2° qu'il avait été archiprêtre de saint Hugues ; 3° qu'il avait travaillé avec lui pendant une trentaine d'années à la gestion des affaires ecclésiastiques.

Peut-on rien concevoir de plus clair, de plus précis, de plus concordant, de plus irrésistible que le témoignage de ces deux auteurs ? Ils étaient admirablement bien placés pour être exactement informés des faits et gestes d'Ayrald, leur contemporain et leur ami à tous deux. Et dès qu'ils témoignent, l'un après l'autre, d'une manière identique sur certains faits de sa vie, on est bien forcé de regarder ces faits comme historiquement démontrés, à moins d'admettre, ce que personne n'a encore osé supposer, que nos deux témoins avaient intérêt à nous tromper, la volonté de le faire, qu'ils en étaient capables et, en outre, qu'ils se sont concertés pour cela ; ce qui est d'autant plus invraisemblable et impossible que saint Hugues était mort depuis trois ou quatre ans, quand Guigues-le-Chartreux écrivait sa *Biographie*.

Il y a loin, on en conviendra, de nos textes clairs, précis, catégoriques et authentiques, tous de la première moitié du xiie siècle, c'est-à-dire contemporains d'Ayrald, aux traditions vaccillantes, aux légendes tardives et plus ou moins imaginaires et invraisemblables que M. Truchet est bien forcé, à défaut d'autre appui, de donner pour base ruineuse à sa thèse. C'est en vain que, pour lui laisser un semblant de consistance, il dissimule aux yeux de ses lecteurs, les textes des Cartulaires et de la biographie de saint Hugues, ou n'en parle que pour le travestir ou le fausser. Les textes sont toujours là, il ne parviendra pas à les supprimer. Et tant qu'il ne les aura pas supprimés, jamais il ne fera tenir debout les mille invraisemblances de sa thèse.

Que n'a-t-il suivi les excellentes règles de critique et les sages conseils que nous donne indirectement, dans le prologue de la *Vie de sainte Roseline*, le Bollandiste Papebrock dont il prétendait, tout à l'heure (page 17), nous opposer l'autorité !

Au numéro 3 du *Commentaire historique* placé en tête de la *Vie de sainte Roseline*, D. Papebrock, énumérant les historiens qui lui ont servi de guides, nous dit qu'il a consulté, pour l'écrire, les mémoires recueillis en 1681-82; partie par le Frère François de Villeneuve, ex provincial des mineurs Observantins; partie par dom Chauvet, profès de la Chartreuse de Villeneuve; partie enfin par dom Troville, prieur de la Chartreuse de Bon-Pas. Ces trois religieux, ajoute-t-il, avaient tous eu sous les yeux les mêmes auteurs qui avaient écrit dans ce siècle (le XVIIᵉ) une assez longue *Vie*, toujours restée manuscrite, de *sainte Roseline*; *Vie* qui semble plutôt être un panégyrique qu'une histoire; car on y a imaginé et on y prête à la sainte des paroles et des actes qui, sans être invraisemblables, ne reposent cependant sur aucun document certain. Or, tandis que François de Villeneuve et dom Troville ont simplement pris pour guide la *Vie* précitée; dom Jean Chauvet a agi tout différemment, et d'une manière beaucoup plus utile pour nous puisque, sans tenir aucun compte de la susdite *Vie*, il s'est efforcé de ne rien admettre, dans sa *Biographie* de la sainte, qu'il ne l'établit sur des documents authentiques. C'est pourquoi, je me suis attaché à le suivre, plutôt que les deux autres, dont je n'ai accepté que le récit des miracles postérieurs à la translation (1657), parce qu'ils ont pu en être les témoins parfaitement assurés. »

Ainsi, c'est bien entendu; selon Papebrock, les faits et gestes attribués par des écrivains modernes à un personnage ancien fussent-ils *vraisemblables*; un historien sérieux ne doit leur donner place et les insérer comme vrais dans son récit, qu'autant qu'il peut les établir sur des documents également anciens et authentiques. A plus forte raison doit-il les rejeter, ajouterons-nous, lorsque ces faits sont invraisemblables, *veritati parum consona,*

comme ceux dont était farcie, au témoignage de Le Coulteux, la trop récente *Vie* d'Ayrald qui a servi de guide
à M. Truchet et à d'autres.

Mais Papebrock ne s'en tient pas là. Sous le numéro 8
du même *Commentaire historique*, il cite une lettre où
dom Le Coulteux, dont il se plait à mettre en relief la
haute et loyale impartialité, nous apprend, une fois de
plus, ce qu'était et ce que valait cette fameuse Histoire ou
Chronique manuscrite des chartreux composée vers 1610,
1615 ou 1620, et dans laquelle avaient malheureusement
puisé de confiance les trop récents biographes de sainte
Roseline (et peut-être aussi ceux du B. Ayrald).

« Dom Le Coulteux, nous dit Papebrock, a composé
presque seul 18 volumes *in-folio* de Notices sur l'histoire
des Chartreux, et maintenant il écrit *les Annales de l'Ordre*, déjà poussées jusqu'à l'an 1416. » Il ajoute ensuite :
« Pour moi, je pense qu'on doit désirer avec d'autant
plus d'ardeur l'achèvement de ces *Annales*, que je trouve
plus libre de tous préjugés, ou jugements préconçus,
liberiorem à præjudiciis, un auteur qui a la loyauté de
m'écrire, sous la date du 10 décembre 1691 : « Votre
« Théophile Reynaud, dans son *Stylite mystique*, nous a,
« vous le savez, restitué sainte Roseline. Mais, trompé
« comme d'autres par son épitaphe, il a fixé à l'an 1206
« la date de sa mort » (qui n'a eu lieu qu'en 1329).

« Raynaud, plein d'une extrême affection pour les char-
« treux, a composé, en notre faveur son petit traité du
« *Stylite mystique* d'après certains manuscrits, et surtout
« d'après un énorme volume, *ex Codice crassissimo*, écrit
« il y a plus de 70 ans, et contenant l'histoire de notre
« Ordre ; mais volume fourmillant partout d'erreurs, *ubi-
« que scatente erroribus*, dans lesquelles est parfois

« tombé Raynaud, sur la foi de son auteur. C'est donc
« avec prudence qu'on doit lire le *Stylite mystique*, et
« avec plus de prudence qu'on doit le citer. »... Et comme
exemple des erreurs commises par Théophile Raynaud,
dom Le Coulteux cite le passage du *Stylite* où il est dit
qu'Ayrald fut évêque de Maurienne de 1145 à 1167... *Ego
tanto expectandos cupidiùs censeo [Annales] quanto* LIBE-
RIOREM A PRÆJUDICIIS *video esse eum qui sic michi scribit in
datis 10 decembris 1691: « Theophilus Raynaud vester,
in suo* STYLITA MYSTICO, *ut nosti, B. Rosselinam nobis res-
tituit; sed ille ex epitaphio cum aliis deceptus, annum
signavit 1206. Suum istum tractatulum Raynaudus, cartusiensium amantissimus, in nostri gratiam compegit
ex quibusdam manuscriptis, et præsertim ex quodam Codice crassissimo historiam nostri Ordinis, antè annos
septuaginta scriptam complectente, sed* UBIQUE SCATENTE
ERRORIBUS, *in quos et ipse, Auctoris fidem secutus, aliquando impegit. Cautè igitur legendus, et cautiùs citan-
dus* STYLITA MYSTICUS. »

Ainsi, d'un côté, le Père Papebrock veut non seulement
qu'un historien soit exempt de tout préjugé, ou jugement
préconçu, ou parti pris, *liberiorem à præjudiciis;* mais
encore qu'il refuse de relater *comme vrais*, dans son
récit, des faits anciens même vraisemblables, si on ne
peut les établir sur des documents anciens et authentiques.
Le Coulteux, d'un autre côté, veut que l'historien se défie
des manuscrits qui fourmillent d'erreurs, comme le fait
l'*Histoire ou Chronique manuscrite* des chartreux, composée dans le premier quart du xviie siècle, et dans laquelle
ont également puisé, avec autant de confiance que peu de
critique, certains auteurs de la *Vie de sainte Roseline*, et
probablement, aussi l'auteur de cette *Vie d'Ayrald* farcie

d'invraisemblances, et répudiée par l'annaliste Cartusien, vie dont prétendraient en vain s'autoriser M. Truchet et ses adhérents, s'il lui en reste.

Pourquoi faut-il que M. Truchet, qui pourtant a lu le *Commentaire historique de Papebrock*, en ait si complètement perdu de vue les sages conseils ?

VII

M. Truchet m'oppose une dernière objection qu'il déclare (p. 35) « plus décisive encore » que tout ce qu'il a dit précédemment : c'est une conclusion de la Sacrée Congrégation des Rites insérée dans le décret même de la confirmation du Culte du B. Ayrald, décret dans lequel on lit : « Ayrald entra à la chartreuse de Portes... et em-« brassa avec ardeur cette vie austère... Élevé ensuite sur « le siège de Maurienne, l'histoire rapporte qu'il joignit « l'austérité et la manière de vivre d'un chartreux à la « prudence et à la charité qui sont les vertus propres d'un « Évêque. » M. Truchet ajoute ensuite : « Cette affirma-« tion, si précise, aurait dû faire hésiter M. Trépier » ; et un peu plus bas, il m'accuse de « m'inscrire en faux « contre un fait affirmé par un décret de la Congrégation ».

M. Truchet m'entraine, ici, sur un terrain périlleux, où l'on ne s'avance pas sans une certaine appréhension.

Mais, puisqu'il m'y provoque, force m'est bien d'y descendre avec lui, si je ne veux pas m'attirer de sa part le reproche de déserter la lutte, au moment « le plus décisif ».

Avant de lui répondre, il convient de préciser un peu plus le sens et la portée de son objection. Veut-il dire que j'aurais « dû hésiter » *à écrire*, ou que j'aurais « dû hésiter » *à publier* le *Mémoire* dans lequel j'exprimais, sur l'état de vie d'Ayrald avant son épiscopat, une opinion contraire à celle qui est énoncée dans la conclusion de la Sacrée Congrégation des Rites, et insérée dans le décret de confirmation du culte du Bienheureux ?

Cette distinction, d'apparence oiseuse ou subtile à première vue, a cependant ici une très grande importance dont pourra se convaincre le lecteur, qui jugera ensuite si, dans l'un ou l'autre cas, je pouvais ou « devais hésiter ».

I. Je vais d'abord apprendre à M. Truchet, s'il l'ignore, pourquoi « l'affirmation si précise de la Congrégation » ne pouvait me « faire hésiter » *à écrire* le *Mémoire* en question ; et aussi pourquoi, tout en y exprimant, sur l'état de vie d'Ayrald avant son épiscopat, une opinion contraire aux affirmations de la Sacrée Congrégation, je ne pouvais « m'inscrire en faux » contre elle.

La raison en est bien simple : c'est parce que le *Mémoire* était antérieur de plusieurs années aux conclusions de la Sacrée Congrégation et au décret de la confirmation du culte. En effet, le décret affirmatif du culte fut rendu le 23 décembre 1862, et le décret confirmatif, le 8 janvier 1863. Or, dès avant 1858 j'avais écrit, sur le B. Ayrald, la *Notice* ou le *Mémoire* dans lequel je prouvais comme aujourd'hui, bien qu'avec moins de développements, qu'il n'avait jamais été chartreux avant son épiscopat ; mais qu'il avait été chanoine régulier, archiprêtre de saint Hugues, et 30 ans son collaborateur.

Aux textes irrécusables de Guigues-le-Chartreux, déjà invoqués avant moi par dom Le Coulteux en faveur de la même thèse, j'avais ajouté, dans ce *Mémoire*, le témoignage confirmatif et péremptoire de nombreuses chartes

de saint Hugues, que Le Coulteux n'avait point connues.
Comment donc aurais-je pu, dans un *Mémoire* de 1858,
« m'inscrire en faux » contre des décrets qui n'étaient pas
encore portés, et qui ne devaient l'être que 3 ou 4 ans
plus tard ?

Que ce *Mémoire* sur Ayrald ait été de beaucoup antérieur aux susdits décrets, mes contradicteurs le savent et
en conviendront sans peine. Mais, au besoin et en cas
d'oubli, rien ne serait plus facile que de leur en fournir
la preuve en faisant appel, de la manière suivante, à leurs
propres souvenirs et à ceux d'autres personnes autrefois
mêlées à nos débats sur la question, toujours en litige,
de l'état de vie du B. Ayrald avant son épiscopat.

Vers 1858 ou 1859, j'appris de M. le chanoine Auvergne,
chancelier de l'évêché de Grenoble, que les RR. PP. Chartreux, qui travaillaient à obtenir de Rome la confirmation
canonique et régulière du culte d'Ayrald, se proposaient
d'adresser à la Sacrée Congrégation des Rites un rapport
affirmant qu'Ayrald avait été chartreux avant son épiscopat.

L'envoi à Rome d'un document où l'on soutenait des
faits que je croyais, sur preuves, entièrement erronés, me
parut imprudent et regrettable ; je cherchai à le prévenir.

Comme je n'avais pas encore l'avantage, alors, de connaître personnellement le Rd Père Chartreux président de
la commission chargée d'enquérir, je priai M. le chanoine
Auvergne de vouloir bien engager le Révérend Père à examiner de nouveau très sérieusement la question, avant de
passer outre. Et, pour lui faciliter l'examen, je lui fis
loyalement offrir de mettre mon *Mémoire* à sa disposition.
L'offre fut acceptée. Par la gracieuse entremise de M.
Auvergne, le *Mémoire* fut communiqué au P. Chartreux
président de la commission d'enquête ; et par celui-ci,

sans doute, à la commission elle-même, qui a pu en être saisie, l'examiner, le discuter à loisir, avant d'envoyer à Rome le résultat de ses dernières informations.

Or, M. Truchet nous apprend (*Réponse*, p. 33) qu'il était membre de la commission ; et il a dû, en cette qualité, prendre connaissance du *Mémoire* plusieurs années avant la décision de la Sacrée Congrégation. Comment donc s'expliquer qu'il vienne aujourd'hui me reprocher de n'avoir pas « hésité » en face d'une décision qui ne devait être arrêtée que 3 ou 4 ans plus tard ; et de m'être « inscrit en faux » contre elle 3 ou 4 ans avant qu'elle eût été prise ?.... Faudrait-il supposer que le *Mémoire* n'a pas été porté à la connaissance de M. Truchet ; ou bien que, s'il l'a connu, le besoin de justifier son accusation l'empêche d'en convenir ? Je laisse à d'autres le soin d'éclaircir ce point obscur et délicat.

Quoi qu'il en soit, on me garda le *Mémoire* pendant un temps dont je ne saurais aujourd'hui préciser la durée, mais qui me parut assez long ; car, dans l'intervalle, je priai plusieurs fois M. Auvergne de réclamer ce manuscrit. Je craignais d'autant plus de le voir s'égarer dans ses pérégrinations, que je n'en avais pas gardé de copie.

Un jour vint enfin où M. le chanoine Auvergne me procura le plaisir de connaître le P. Chartreux, président de la commission, et me mit en communication personnelle et directe avec lui. Peu de temps après, le R^d Père rapporta et me rendit le Mémoire, mais en me demandant de ne pas le publier *avant au moins un an*.

Je le promis d'autant plus volontiers que, d'un côté, je n'avais nul projet de publication prochaine d'un *Mémoire* isolé, destiné à paraître seulement plus tard, dans un travail d'ensemble sur le *Décanat* ; et que, d'un autre côté, dans ma pensée, le but de cette demande devait être, ou bien de donner à la commission d'enquête le temps voulu pour soumettre son opinion à un nouvel examen, et même à une discussion à laquelle seraient appelés à prendre part *tous* ceux qui avaient mûrement étudié la question ; ou bien, de laisser à la commission le loisir et le bénéfice de rectifier elle-même, s'il y avait lieu, auprès de la Congrégation des Rites, les indications erronnées qu'elle pourrait déjà lui avoir transmises sur l'état de vie d'Ayrald avant son épiscopat.

Mais lorsque, 3 ou 4 ans plus tard, parurent le décret affirmatif du 23 décembre 1862, et le décret confirmatif du 8 janvier 1863, sans que rien de tout cela eût été fait ; un doute, pénible comme un cauchemar, s'empara de mon esprit. Je ne pouvais me défendre de supposer que si on m'avait demandé de surseoir à l'impression du *Mémoire*, c'était peut-être dans le but d'obtenir d'abord ces décrets, afin de pouvoir me les opposer ensuite comme ayant force de chose jugée, ainsi qu'on le fait maintenant.

Loin de dissiper ces tristes soupçons, les révélations actuelles du P. Boutrais semblent les fortifier encore. En effet, M. Truchet nous dit bien (*Hagiologie*, p. 238, et *Réponse*, p. 34) que Mgr Martiniana, évêque de Maurienne, se proposant de solliciter à Rome la béatification d'Ayrald, « avait recueilli avec soin *tous* les documents qui pou-« vaient l'éclairer sur *sa vie*, ses vertus, ses miracles ». Mais tel n'est point l'avis du Père Boutrais.

Après avoir écrit *(Ayrald,* p. 43) que Mgr Martiniana, s'étant adressé aux chartreux pour obtenir ces documents, en reçut, le 30 avril 1758, diverses pièces tirées de leurs archives et, nommément, « une copie authentique d'un « ancien manuscrit donnant une Vie du Bienheureux, et

« des extraits des Nécrologes de Lyon, d'Arvières et de
« Meyriat », le P. Boutrais ajoute (ce que M. Truchet omet
de nous dire) : « *La vie de saint Hugues de Grenoble*, dans
« laquelle il est fait mention d'un *Ayrald, chanoine régu-*
« *lier, archiprêtre, évêque de Maurienne*, NE FIGURAIT
« POINT au nombre des pièces remises à Mᵍʳ Martiniana » !

Mais pourquoi donc cette vie n'y figurait-elle pas et,
avec elle, la très probante Réponse de Guigues à Innocent II, qui lui sert de prologue ? Car enfin les pièces
remises étaient précisément les mêmes pièces qu'un chartreux éminent, Dom C. Le Coulteux, avait recueillies,
citées, discutées et réfutées 70 ans plus tôt, dans ses
Annales Cartusiennes ; tandis que la *Vie de saint Hugues*
qui ne figurait point, accompagnée de son inséparable
Prologue, parmi les pièces remises, est précisément aussi
cette même pièce dont s'était servi Le Coulteux pour réfuter les précédentes.

Prétextera-t-on que la *Vie* de saint Hugues dans laquelle
il est fait mention d'un *Ayrald, chanoine régulier, archiprêtre, etc.*, pourrait très bien, malgré sa présence aux
archives de la Grande-Chartreuse, avoir échappé aux
recherches ou à l'attention de ceux qui envoyèrent les
autres pièces à Mᵍʳ Martiniana ? L'explication paraîtrait
d'autant plus inadmissible que l'argumentation de l'impartial Dom Le Coulteux, basée sur cette *Vie* de saint Hugues
et son Prologue, avait fait plus de bruit et causé plus
d'émoi dans l'Ordre Cartusien tout entier. Mais, l'explication fût-elle admise, la difficulté ne serait pas davantage
résolue. Elle ne serait que différée, pour se représenter,
de nos jours, beaucoup plus forte et, cette fois, tout à
fait insoluble.

En effet, M. Truchet affirme ailleurs (p. 35) que, « pour

« obtenir le décret confirmatif du culte, il a fallu réunir,
« en 1858..... et on a soumis à la Congrégation des Rites
« TOUT ce qui a été écrit, soit *dans l'Ordre des chartreux,*
« soit dans le diocèse de Maurienne, concernant le B.
« Ayrald ».

Mais, 1° sans demander à M. Truchet pourquoi on n'a
pas aussi « réuni et soumis à la Congrégation des Rites,
« tout ce qui avait été écrit sur Ayrald » dans un diocèse
voisin, celui de Grenoble ; et, en particulier certaines
chartes des Cartulaires de saint Hugues que l'on connais-
sait parfaitement, ne fût-ce que par mon *Mémoire ;* nous
lui dirons que, même restreinte comme elle est, son affirmation, ici encore, reçoit le plus formel démenti du Père
Boutrais, car :

2° La *Vie* de saint Hugues de Grenoble, composée,
comme son Prologue, par Guigues-le-Chartreux 5ᵉ prieur
de la Grande-Chartreuse, doit bien, ce nous semble, être
comptée au nombre des pièces « écrites dans l'Ordre des
chartreux ». Or, cette *Vie* n'a jamais été soumise à la
Sacrée Congrégation. Ecoutons plutôt, là-dessus, le Rᵈ P.
Boutrais.

Après avoir rappelé (*Ayrald,* p. 44) que, ce que les
chartreux avaient affirmé, au sujet d'Ayrald en 1758, ils le
répétèrent en 1858 « devant la Congrégation des Rites »,
le P. Boutrais ajoute : « et ALORS *comme* JADIS, *il ne fut*
« *fait aucune mention de l'Ayrald, archiprêtre de saint*
« *Hugues* » !...

Ce qui signifie, en d'autres termes, que comme « la
« *Biographie* de saint Hugues de Grenoble, dans laquelle
« il est fait mention d'un *Ayrald, chanoine régulier,*
« *archiprêtre,* évêque de Maurienne, n'avait point figuré
« au nombre des pièces remises à Mᵍʳ Martiniana en

« 1758 » et sans doute transmises par lui à Rome ; de même, les membres de la commission d'enquête de 1858 persistèrent à ne point faire figurer au nombre des pièces soumises à la vénérable Congrégation, cette même *Biographie* de saint Hugues où « il est *fait mention de* « *l'Ayrald, archiprêtre de saint Hugues* ».

Et cependant, ils la connaissaient, cette *Biographie.* Eussent-ils, d'ailleurs, été tentés d'en perdre le souvenir, que ma *Notice* sur Ayrald, à eux communiquée depuis deux ou trois ans par M. le chanoine Auvergne, se serait chargée, non seulement de la leur rappeler ; mais encore de leur mettre sous les yeux les nombreux textes des Cartulaires de saint Hugues qui venaient corroborer de point en point les assertions de la *Biographie* qui, d'accord avec son prologue, fait d'Ayrald un *chanoine régulier, archiprêtre ou doyen* de Saint-Hugues, et non chartreux, avant son épiscopat.

Il n'est donc pas surprenant que, comme l'affirme le P. Boutrais (*Ayrald*, p. 21) « dans les documents si nom- « breux réunis dans le *summarium*, il ne soit pas même « parlé une seule fois d'un B. Ayrald, *jadis chanoine ré- « gulier et doyen.* »

Mais ce qui est surprenant, c'est que, après avoir vu les siens éliminer avec soin, du dossier des documents recueillis en vue de la formation du *summarium*, tous ceux qui parlent d'*Ayrald, jadis chanoine régulier et doyen,* le P. Boutrais croie pouvoir se faire, de leur absence du *summarium*, un argument en faveur de sa thèse !

Si, comme le prétend le R⁴ P. Boutrais (*Ayrald*, p. 44), pour « établir uniquement ce que, devant Dieu, on croit être « la pure, l'exacte vérité », il suffisait de « présenter, « sans hésiter » une « tradition » même « plusieurs fois

« séculaire », sans dire un seul mot des textes nombreux, authentiques, contemporains des faits, qui la contredisent ; on peut se demander de quelle autre manière pourrait s'y prendre celui qui, au lieu « d'établir la pure « et l'exacte vérité » ne craindrait pas de la voiler, de l'obscurcir, au point de la rendre méconnaissable ?

Ainsi, après m'avoir demandé de surseoir à l'impression d'une *Notice* ou d'un *Mémoire* dont les preuves irréfutables étaient tirées de la *Vie* et des Cartulaires de saint Hugues, la commission d'enquête, dont faisait partie M. Truchet, a persisté, *selon le P. Boutrais*, à garder sur ces documents, bien connus d'elle, un silence absolu devant la congrégation des Rites, jusqu'à l'obtention des décrets de 1862 et 1863.

En admettant qu'un pareil silence n'ait pas eu pour but, qui oserait dire qu'il n'a pas eu pour résultat d'obtenir plus sûrement les décrets sollicités, qu'on invoque aujourd'hui comme un titre et un argument contre moi, en me reprochant de n'avoir pas « hésité » en face de leurs affirmations, et de m'« inscrire en faux » contre elles ?

Hé bien ! Non, encore une fois, ces décrets ne pouvaient pas me « faire hésiter » à écrire ma *Notice* ; et celle-ci ne pouvait pas « s'inscrire en faux » contre eux, par la raison bien simple qu'elle leur était antérieure d'au moins *deux ou trois années*. De ce dernier fait, les témoins (je pourrais dire les acteurs) sont vivants et, grâce à Dieu, bien portants ; et il n'en est pas un, j'en suis sûr, qui ne soit prêt à confirmer ce que j'avance.

II. Il reste à examiner si, une fois les décrets portés et promulgués, je pouvais, sans être taxé de « m'inscrire en

« faux » contre eux (M. Truchet, *Réponse*, p. 35), et
sans manquer au respect et à la soumission dus à la
sainte Eglise, publier une *Notice* dont les affirmations,
au sujet de l'état de vie d'Ayrald avant son épiscopat,
sont en contradiction avec celle des décrets.

Avant d'entrer dans l'examen de la question, il convient
de rappeler ici quelques principes sur la matière.

Tant que les affirmations d'un décret ont trait à la
sainteté, aux vertus, aux miracles d'un bienheureux, ou
à l'authenticité de son culte, toutes choses sur lesquelles
s'étend l'infaillibilité de l'Eglise, aussi bien que sur la
discipline, la foi ou les mœurs ; il est clair que personne
ne peut, sans s'exposer aux peines canoniques les plus
graves, rien dire, rien écrire ni publier de contraire à ses
décisions.

Mais dès qu'il est fait mention, dans un décret de simple béatification équivalente, *œquipollentis*, de détails ou
de faits purement historiques, non encore discutés con-
tradictoirement, et par conséquent toujours sujets à ré-
vision, sorte de faits sur lesquelles l'Eglise n'a jamais cru
ni enseigné que s'étendît son infaillibilité ; elle laisse
pleine liberté à ses enfants d'avoir et d'émettre, au sujet
de ces faits, une opinion contraire à celle qui est exprimée
dans son décret ; et ceux-ci, par cela seul qu'ils usent de
la liberté d'examen de discussion et de contradiction que
leur laisse l'Eglise sur ces sortes de faits, ne sauraient
être taxés de « s'inscrire en faux » contre ses affirmations.

Sans doute il y aurait de l'irrévérence et de la témérité
à venir, sans motif plausible, par pur esprit de contention,
et avec des preuves faibles ou peu sérieuses à l'appui de
son opinion, contredire celle des décrets, même sur des
faits purement historiques.

6

Mais, lorsque des écrivains, mus par le seul amour de la vérité, produisent en faveur de leur opinion, avec les formes respectueuses convenables envers la sainte Eglise, l'attestation d'auteurs nombreux, désintéressés dans la question controversée, graves, concordants, dignes de foi, contemporains et témoins oculaires des faits qu'ils racontent ; de témoins tels, en un mot, que les désire surtout Benoît XIV dans son traité de la béatification et de la canonisation des saints ; non seulement l'Eglise ne condamne pas ces écrivains ; mais elle les approuve et les encourage. Souvent même on la voit, à la suite de leurs travaux, modifier une première version insérée dans ses décrets, s'il lui est ensuite démontré qu'elle est erronée, et en venir parfois, dans son ardent amour pour la vérité, jusqu'à réformer la légende du Bréviaire, en y substituant la version nouvelle à l'ancienne.

Loin donc de manquer de respect et de déférence à la sainte Eglise et de « s'inscrire en faux » contre ses décrets ; c'est entrer dans ses vues, et lui rendre un service dont elle se montre reconnaissante, que de l'aider par des recherches et des discussions approfondies, à découvrir et mettre en lumière la vérité au sujet de simples faits historiques, sur lesquels elle déclare n'être point infaillible, et ne désire rien tant que d'être éclairée.

Ces principes rappelés, examinons si l'auteur de la *Notice* s'y est conformé ou s'en est écarté.

1° L'a-t-il écrite par esprit de contention et de contradiction ? Non, puisqu'elle était composée et avait été, dans une pensée de concorde et pour prévenir tout éclat, communiquée d'avance à la commission d'enquête.

2° Avait-il gardé, en l'écrivant, les formes respectueuses convenables ? — Oui, comme on peut s'en assurer en la lisant, et comme en témoigne d'ailleurs la lettre de félicitation à lui adressée par Mgr Pichenot, notre archevêque de si douce et si regrettée mémoire, lettre publiée en tête d'un certain nombre d'exemplaires du tirage à part du 1er volume des *Recherches sur le Décanat*.

3º Les auteurs dont il invoque le témoignage à l'appui de son opinion sur l'état de vie d'Ayrald avant son épiscopat, sont-ils assez graves et dignes de foi pour convaincre tout homme impartial ? Oui, quoiqu'en puisse dire M. Truchet (p. 35), car ils s'appellent Guigues-le-Chartreux, saint Hugues de Grenoble, Geoffroi d'Hautecombe et l'auteur du Cartulaire de Portes ; et ils sont tous concordants, sérieux, désintéressés dans la question, contemporains et témoins oculaires des faits qu'ils racontent.

Je pouvais donc sans témérité, sans irrévérence et sans que M. Truchet eût le droit de m'accuser (p. 35) de « m'inscrire en faux » contre les affirmations du décret, publier, même après sa promulgation, la *Notice* sur l'état de vie du B. Ayrald avant son épiscopat.

J'ajoute que, si je le pouvais, il semble que je le devais :

1º Par respect pour les droits qu'à une vérité, historique ou autre, d'être toujours préférée à l'erreur ; or la démonstration de la thèse soutenue dans la *Notice* au sujet de l'état de vie d'Ayrald avant son épiscopat, me paraît, et à beaucoup d'autres, revêtir l'évidence d'une démonstration mathématique.

2º Parce qu'il n'était pas possible de supprimer la *Notice* lorsque le moment serait venu de l'insérer, à sa place marquée d'avance au chapitre des doyens de Saint-André, dans mon ouvrage sur le *Décanat*, où son absence aurait laissé, sans nécessité et sans nul motif plausible, une lacune choquante et inexplicable.

Il résulte, de tout ce qui précède, que rien ne semblait devoir « me faire hésiter » soit à écrire ma *Notice* avant la promulgation des décrets relatifs au culte du B. Ayrald ; soit même à la publier, après leur promulgation.

M. Truchet affirme (p. 5) que ma « démonstration n'est « pas suffisante pour que la congrégation des Rites change « les termes de son décret relatif au culte du B. Ayrald ».

Pas plus qu'à moi il ne lui appartient de préjuger ce que la Sacrée Congrégation croira devoir faire, ou ne pas faire, en cette circonstance.

Veut-il dire qu'elle n'interviendra pas *hic et nunc ?* C'est très possible ; et cela ne prouverait rien, d'ailleurs, contre la valeur de ma démonstration.

Mais, présentant la question sous une autre face, je crois pouvoir dire, à mon tour, que si jamais il est procédé à la canonisation solennelle de notre B., et que les faits relatifs à l'état de vie d'Ayrald avant son épiscopat soient soumis à un procès ou débat contradictoire devant la Sacrée Congrégation ; ou je me trompe fort, ou elle aura fait son temps la légende qui veut qu'Ayrald ait été chartreux (et même prieur) de Portes avant son épiscopat, et non chanoine régulier, archiprêtre de saint Hugues de Grenoble et 30 ans son collaborateur, en qualité de doyen de Saint-André de Savoie.

Encore une observation avant de finir.

Dans l'espoir de fortifier un peu ses arguments, ou même de leur communiquer une valeur qu'ils n'ont pas, M. Truchet disait, en terminant sa *Réponse* (p. 36), que « le diocèse de Maurienne est désintéressé dans la question ». Pour les mêmes motifs, le P. Boutrais, (*Ayrald,* p. 45) en disait autant de l'ordre des Chartreux.

Le diocèse de Maurienne est si peu désintéressé dans la question que, sans le concours pécuniaire de la Grande-Chartreuse pour subvenir aux frais d'enquête et de procédure, pas plus au xixᵉ siècle qu'au xviiiᵉ, ce diocèse n'aurait pu faire aboutir la cause de la béatification d'Ayrald. M. Truchet nous en fournit lui-même la preuve dans ce passage de son *Hagiologie* (p. 238) : « Mᵍʳ Mar- « tiniana avait le dessein de solliciter à Rome la béatifi- « cation..... Mais les difficultés qu'il rencontra, et, *plus* « *encore les dépenses* qu'entraînaient la réalisation de ce « projet, dont ni la ville, ni le chapître ne purent se « charger, le *forcèrent d'y renoncer* ».

Or les RR. PP. Chartreux, qui se sont chargés de tous les frais, démarches et informations nécessaires, parce que le diocèse de Maurienne prétendait, avec eux, qu'Ayrald avait été tiré de la chartreuse de Portes pour être placé sur le siège épiscopal de Maurienne, ne *s'en seraient nullement chargés*, si le diocèse de Maurienne avait été d'un autre avis, et avait soutenu contre eux, avec moi, conformément à la vérité de ces faits, que, au lieu d'avoir été chartreux, Ayrald avait été chanoine régulier avant son épiscopat.

J'ai entre les mains la preuve de cette intention très explicite des chartreux, dans une lettre à moi écrite, il y a plus de vingt ans par l'un des plus marquants d'entre eux ; et je la tiens à la disposition de M. Truchet.

Qu'on ne dise donc plus que « le diocèse de Maurienne « est désintéressé dans la question ». Il y est au contraire, grandement intéressé, aussi bien que l'ordre des Chartreux.

Maintenant que nous avons examiné et réduit à sa juste valeur la *Réponse* de M. Truchet, il nous reste à examiner et discuter celle du P. Boutrais.

Dans les trois § du chapitre suivant, nous étudierons : 1° ses arguments de raison ; 2° ses arguments d'autorité, basés sur les textes des *obituaires* ; 3° ses arguments d'autorité, basés sur les textes d'un certain nombre d'*auteurs*.

CHAPITRE TROISIÈME

Réplique au Révérend Père Boutrais

§ 1.

Ses arguments de raison.

Sommaire.

I. L'hypothèse de deux Ayrald sucessivement évêque de Maurienne entre 1132 et 1146 repoussée comme fausse par M. Truchet. — II. Le fait, pour Ayrald, d'avoir été d'abord chanoine régulier, puis chartreux, ne démontre pas plus l'existence de deux Ayrald successifs sur le siège épiscopal de Maurienne entre 1132 et 1146, que le fait, pour saint Hugues, d'avoir été d'abord chanoine de Valence, puis moine de la Chaise-Dieu, ne démontre l'existence de deux Hugues successifs sur le siège épiscopal de Grenoble, entre 1080 et 1132. — Il est admis qu'un Ayrald qui n'était pas chartreux est devenu évêque de Maurienne en 1132. Rien ne prouve qu'un autre Ayrald, qui aurait été chartreux, soit devenu évêque de Maurienne en 1138. — Cette hypothèse purement gratuite, se heurte à de nombreuses impossibilités. — III. Les qualifications *d'homme d'une grande maturité et d'une grande sagesse*, si naturelles et si justes si on les applique à Ayrald, vieillard vénérable, deviennent une inconvenance et un non sens, si on les applique à l'un des autres évêques présents avec lui à Agaune le 11 mars 1138, et surtout à ce prétendu Ayrald II, tiré de son cloître et nommé évêque depuis deux mois à peine. — IV. Dans sa vie de Saint-Pierre de Tarentaise, écrite au xiie siècle, Geoffroy énumérant les évêques remarquables de son temps dans les régions circonvoisines, ne fait mention que d'un Ayrald évêque de Maurienne, donc il n'y en a pas eu deux entre 1132 et 1146. — V. Selon Angley, qui suit la *Vie manuscrite* d'Ayrald, Ayrald serait entré à Portes ; dans l'âge des plaisirs, c'est-à-dire, au plus tard à 30 ans ; le Père Boutrais veut qu'Ayrald ait été tiré de cette chartreuse et fait évêque à 50 ans. Ce chartreux Ayrald aurait donc passé 20 ans au moins à Portes, et pendant ces 20 ans son nom n'aurait pris place dans aucun des documents de cette chartreuse ! Est-ce possible ? Non. Pour tous ces motifs, concluons qu'il n'y a eu qu'un seul Ayrald sur le siège épiscopal de Maurienne entre 1132 et 1146.

I. Nous l'avons déjà dit (p. 21), le système de Dom C. Boutrais repose tout entier sur une simple hypothèse : *celle de deux Ayrald successifs* sur le siège épiscopal de Maurienne, entre 1132 et 1146.

Si cette hypothèse venait à être démontrée fausse ; ou autrement, s'il était démontré qu'il n'y a eu, en Maurienne, qu'un seul évêque du nom d'Ayrald entre 1132 et 1146, son système serait ruiné par la base, et s'écroulerait faute de point d'appui.

En effet, de l'aveu même du P. Boutrais (p. 17), Ayrald devenu évêque de Maurienne en 1132, n'avait jamais été chartreux avant son épiscopat, il avait seulement été chanoine régulier. Or, 1° s'il n'y avait eu en Maurienne qu'un évêque du nom d'Ayrald entre 1132 et 1146, il est clair que l'évêque Ayrald mort en 1146 serait le même qui était devenu évêque en 1132, et que, pas plus que lui, il n'aurait été chartreux avant son épiscopat ; 2° l'évêque Ayrald mort en 1146 étant, de l'avis de tous, le même qui a toujours été honoré en Maurienne d'un culte spécial, et que Pie IX a élevé au rang des bienheureux ; il est encore évident que le B. Ayrald n'aurait jamais été chartreux avant son épiscopat.

Eh bien ! malheureusement pour le système du P. Boutrais, il n'y a eu en Maurienne qu'un seul évêque du nom d'Ayrald entre 1132 et 1146. L'hypothèse de deux

Ayrald successifs est absolument insoutenable et inadmissible ; je l'ai prouvé dans les *Recherches* (p. 256 à 259) par trois sortes d'arguments, sur lesquels M. Truchet renchérit encore, loin de songer à les contredire, et auxquels Dom C. Boutrais me fournira lui-même l'occasion d'en ajouter un nouveau tout à l'heure.

M. Truchet affirme en effet (*Réponse*, p. 10) que « j'ai « parfaitement raison de ne pas admettre, avec certains « auteurs, qu'il y ait eu successivement, en Maurienne, « deux évêques du nom d'Ayrald, dont le premier aurait « été chanoine régulier, et le second chartreux avant son « épiscopat », et que « cette division, rejetée par les do- « cuments diocésains de Maurienne, *n'est qu'un expédient* « *de conciliation sans valeur historique* ». Page 12, l. 4; il parle d'un seul « Ayrald évêque de Maurienne de 1132 à « 1146 » ; et il répète (p. 19) que « l'hypothèse de deux « Ayrald successifs n'est absolument pas soutenable ».

II. Ces affirmations si catégoriques de M. Truchet à l'appui de nos arguments, tous restés debout, n'empêchent pas le P. Boutrais de soutenir son hypothèse de deux Ayrald avec un courage digne d'une meilleure cause.

Toutefois, la manière dont il pose et essaye de résoudre la question ne laisse pas que de trahir un certain embarras.

« Alors » se dit-il (p. 25) « vous admettez deux Ayrald « successifs ? — Oui ! et pourquoi pas ?..... « Nous « affirmons que notre assertion [à ce sujet] n'est pas « une hypothèse, qu'elle est parfaitement soutenable, et « nous la soutiendrons..... Elle repose principalement et « uniquement sur ce fait qu'un Ayrald, qui n'était pas

« chartreux, devint évêque de Maurienne, et qu'un autre
« Ayrald, qui était chartreux, devint aussi évêque de
« Maurienne ; il y a donc deux Ayrald, ils n'ont point été
« évêques simultanément, mais successivement ; de là
« non point l'existence hypothétique ; mais l'existence très
« réelle et nécessaire de deux Ayrald successifs. L'un
« siégeaient en 1132 et n'avait pas été chartreux, dit Le
« Coulteux ; l'autre siégeait en 1138 et avait été chartreux
« précédemment, *à nobis* [*Cartusianis*] *ad infulas as-*
« *sumptus*, dit encore Le Coulteux ».

Pour montrer, *à priori*, l'inanité de l'argument du P.
Boutrais, il suffira de lui opposer un argument analogue
dont il sera le premier à repousser les conclusions. Un
exemple contemporain d'Ayrald fera mieux saisir notre
pensée.

Saint Hugues de Grenoble, d'abord chanoine de Valence,
devint, à 27 ans, évêque de Grenoble en 1080. Après
deux ans d'épiscopat, effrayé des obstacles qu'il rencon-
trait dans sa mission, il quitta son siège et se fit moine
bénédictin à la Chaise-Dieu. Mais sur les pressantes solli-
citations de Grégoire VII, il reprit bientôt ses fonctions
pour ne les plus quitter jusqu'en 1132, année de sa
mort.

Que penserait le P. Boutrais si, retournant ici son
argument, quelqu'un lui disait : « Il y a eu à Grenoble,
entre 1080 et 1132, deux évêques successifs du nom de
Hugues..... Nous affirmons que notre assertion [à ce su-
jet] n'est pas une hypothèse, qu'elle est parfaitement soutenable, et nous la soutiendrons..... Elle repose principalement et uniquement sur ce fait qu'un Hugues, qui n'était
pas moine, devint évêque de Grenoble, et qu'un autre
Hugues, qui était moine, devint aussi évêque de Grenoble;

il y a donc deux Hugues. Ils n'ont point été évêques simultanément, mais successivement ; de là non point l'existence hypothétique, mais l'existence très réelle et nécessaire de deux Hugues successifs. L'un siégeait en 1081 et 1082 et n'avait point été bénédictin, dit Guignes-le-Chartreux ; l'autre siégeait en 1084 (année où il reçut saint Bruno) et avait été moine bénédictin précédemment, dit encore Guigues-le-Chartreux ! »

Le P. Boutrais répondrait, avec raison ; que le chanoine Hugues devenu évêque de Grenoble, et le moine Hugues, devenu aussi évêque de Grenoble ne sont pas deux Hugues distincts et successifs, mais un seul et même personnage. Ainsi ferons-nous. Et nous répondrons que le chanoine régulier Ayrald devenu évêque de Maurienne, et le chartreux Ayrald (si toutefois il a jamais été chartreux profès ; *si tamen noster est*), dit Le Coulteux, devenu aussi évêque de Maurienne, ne sont pas « deux Ayrald successifs », mais un seul et même personnage.

Le P. Boutrais objectera, sans doute, que les changements d'état de vie de saint Hugnes sont connus et consignés dans sa *Biographie* écrite par un contemporain ; tandis que nul contemporain ne nous a transmis ces changements d'état de vie d'Ayrald — Je lui répondrai : par la raison toute simple qu'Ayrald n'ayant pas eu, comme saint Hugues, sa *Biographie* écrite par un contemporain, il n'est pas étonnant que nous ne sachions des détails de sa vie, que les quelques menus faits éparpillés çà et là dans des nécrologes, dans la *Biographie* et les Cartulaires de saint Hugues, etc. Mais ce que nous en savons suffit parfaitement pour nous édifier sur ces divers états de vie.

Qu'un Ayrald « qui n'était pas chartreux » soit devenu

évêque de Maurienne en 1132 ; c'est là un premier fait hors de toute discussion, puisqu'il est prouvé jusqu'à l'évidence, et universellement admis. Mais qu'un « *autre* Ayrald » qui était chartreux auparavant, soit devenu évêque de Maurienne en 1138 ; c'est jusqu'à présent une affirmation purement gratuite ; ou, si l'on veut, c'est un autre fait dont nous attendons encore la preuve.

Pour la fournir, le P. Boutrais devrait au moins démontrer d'abord que notre Ayrald, ancien chanoine régulier, et devenu évêque de Maurienne en 1132, est mort ou a donné sa démission en janvier 1138, époque où il faisait encore, en tant qu'évêque, des libéralités à son église ; ou, si l'on aime mieux, époque où il faisait des dispositions testamentaires en sa faveur. L'a-t-il démontré ? Non. A-t-il même essayé de le faire ? Pas davantage.

Il devrait démontrer, ensuite, que son soi-disant *second* Ayrald, chartreux de Portes, a été appelé au siège épiscopal de Maurienne entre le mois de janvier 1138, et le 11 du mois de mars de la même année. L'a-t-il fait ? toujours pas davantage.

Peut-être même n'a-t-il pas prévu à quelle série d'invraisemblances et d'impossibilités viendrait se heurter cette supposition, que rien ne justifie.

En effet, entre le mois de janvier 1138, époque supposée de la mort d'un prétendu premier Ayrald, et le 11 mars de la même année, époque où un Ayrald évêque de Maurienne était présent à Saint-Maurice en Valais, et contribuait à apaiser un différent survenu entre les moines du lieu et un seigneur des environs, deux mois à peine se sont écoulés. Et c'est dans ce court laps de temps qu'un premier Ayrald serait mort ; que le chapitre de Maurienne aurait choisi, comme évêque, un deuxième Ayrald, char-

treux de Portes ; que le Souverain Pontife aurait confirmé
l'élection ; qu'Ayrald aurait été sacré, qu'il serait venu
prendre possession de son siège ; puis, à peine installé,
qu'il aurait lui, l'évêque choisi uniquement à cause de ses
grandes vertus et de son zèle ardent pour le salut des âmes,
laissé là ses nouveaux diocésains, sans nul souci de leurs
besoins, pour se rendre en Valais et concourir à y apaiser
un différent qui existait entre des religieux étrangers à son
Ordre, et un seigneur laïque ! Est-ce vraisemblable ?
Est-ce croyable ? Est-ce même possible ?

Combien, au contraire, cette démarche de l'évêque de
Maurienne devient explicable et naturelle si, au lieu d'un
évêque chartreux, arrivé de la veille dans son diocèse, il
s'agit d'un évêque tel que notre Ayrald, ancien chanoine
régulier qui, après six ans d'épiscopat, quitte momentanément ses diocésains pour aller, même au loin, contri-
buer à rendre la paix à une maison de son Ordre, celle
des chanoines réguliers de l'abbaye de Saint-Maurice en
Valais !

Nous concluons de ces diverses données qu'il n'y a pas
eu de changement d'évêque en Maurienne entre le mois
de janvier 1138 (date des libéralités faites à son église par
notre évêque Ayrald) et le 11 mars de la même année (date
de la charte de pacification), seul intervalle dans lequel
on ait essayé, jusqu'à présent, de placer, non seulement
sans preuves, mais contre toute vraisemblance et toute
vérité, la mort de notre évêque Ayrald ancien chanoine
régulier, et la prétendue promotion d'un second Ayrald,
soi-disant ancien chartreux. Donc, encore une fois, l'hypothèse de deux Ayrald successifs en Maurienne entre 1132
et 1146 « est absolument insoutenable », comme le dit
très bien avec nous M. Truchet, d'accord avec les documents diocésains de Maurienne.

III. Mais voici qui est plus invraisemblable et plus impossible encore que l'accumulation, en deux mois, de tous les faits et gestes attribués à ce prétendu nouvel évêque.

Tandis que la charte de pacification désigne seulement par leurs noms et par leurs sièges les autres évêques présents : Pierre, archevêque de Tarentaise et ses suffragants, Garin, évêque de Sion et Herbert, évêque d'Aoste ; elle donne de plus, à Ayrald évêque de Maurienne, les qualifications d'homme d'une grande maturité et d'une grande sagesse... *convenerunt episcopi domini scilicet Petrus Tarentasiensis episcopus, cum suffraganeis suis : Garino, sedunensi, Therberto [Herberto] Augustensi, Tairoldus [Airaldus] Maurianensis episcopus,* vir MAGNÆ MATURITATIS ET CONSILII.

Ces qualifications exceptionnelles, témoignage d'une vénération toute particulière, le rédacteur de la charte pouvait les appliquer avec d'autant plus de justesse et d'à-propos à notre Ayrald, devenu vieillard vénérable après 30 ans de collaboration avec saint Hugues en qualité d'archiprêtre, et six autres années d'épiscopat en Maurienne que, quatre ans plus tôt, dès 1134, le même Ayrald méritait déjà d'être désigné par Guigues-le-Chartreux, dans sa Lettre à Innocent II, comme un homme de grande autorité, *non spernendæ auctoritatis.* Mais est-ce qu'elles n'auraient pas juré sous la plume du rédacteur, et n'auraient-elles pas été déplacées et de la plus haute inconvenance si, en présence et à l'exclusion d'un archevêque et de deux évêques, tous élevés au pontificat depuis un temps plus ou moins long, on les avait appliquées à un évêque, nouveau venu parmi eux, tiré la veille de son cloître, et promu d'hier à l'épiscopat ? Poser la question ; n'est-ce pas la résoudre ?

Serait-ce donc la résoudre que d'y faire, avec le P. Boutrais (p. 26), cette réponse, singulière à plus d'un titre : « Ayrald, issu d'une famille princière, quitte le monde et vient s'ensevelir dans un cloître de chartreux ; ses grandes vertus le font nommer évêque vers l'âge de 50 ans, il est appelé : *vir magnæ maturitatis et consilii* ; qu'y a-t-il de si exagéré dans ces qualifications ?..... comme IL N'Y A PAS QUE DANS L'ÉTAT ÉPISCOPAL OU L'ON PUISSE DEVENIR *vir magnæ maturitatis et consilii* » (Je suppose que ce charabia veut dire : ce n'est pas dans l'état épiscopal seulement qu'on peut devenir..... etc.) « notre Ayrald pouvait avoir « ces qualités avant d'être évêque, et aussi bien le lende- « main de son sacre que dix ans après. »

Il ne s'agit point de savoir si le nouvel Ayrald du P. Boutrais *pouvait* avoir ces qualités ; mais de savoir s'il les avait réellement. Il s'agit bien plus encore de savoir si, même en supposant qu'il les eût (ce que rien ne prouve), on pouvait, sans choquer le bon sens et les convenances, les lui attribuer dans un acte public, à l'exclusion des autres évêques présents tous, peut-être, sinon plus âgés que lui, du moins plus anciens dans l'épiscopat ; et dont l'un, l'archevêque de Tarentaise, était universellement reconnu comme un homme de haut mérite et de grande sainteté.

Hé bien ! personne ne le pensera.

IV. A ces deux arguments qui prouvent déjà surabondamment l'existence d'un seul Ayrald sur le siège épiscopal de Maurienne entre 1132 et 1146 ; nous en avions ajouté (*Recherches*, p. 358) un troisième tiré de la *Vie de saint Pierre de Tarentaise*, écrite par Geoffroi, abbé d'Hautecombe, dans la deuxième moitié du xııᵉ siècle. Le voici en substance : Geoffroi, énumérant les grands évêques de son temps, qui ont le plus illustré la région circonvoi-

sine, nomme Hugues [saint Hugues], évêque de Grenoble ; Jean, de Valence ; Ismidon, de Die ; Ayrald et Bernard, de Maurienne ; Pierre de Tarentaise, dont il écrit la
Vie, et Antelme, de Belley..... *plures sibi contemporaneos
insignes edidit sacerdotes ; sanctum videlicet Hugonem,
Gratianopolitanum ; Joannem, Valentinum ; Ismidonem
Diensem ; Airaldum et Bernardum, Maurianenses ; nostrum hunc Tarentasiensem Petrum, et Bellicensem An-
telmum (Bolland, 8 mai).*

On le voit, Geoffroi ne parle ici que d'un Ayrald de Maurienne. Mais s'il y avait eu, entre 1132 et 1146, deux
évêques de ce nom sur le siège épiscopal de Maurienne,
l'un mort en 1138, l'autre mort en 1146, lequel des deux
Geoffroi aurait-il pu vouloir passer sous silence : celui qui
meurt en 1146, laissant après lui une réputation de sainteté confirmée par de fréquents miracles ; ou bien celui
qui serait mort en 1138, et dont le biographe de saint
Hugues parlait naguère avec tant d'admiration, quand il
l'appelait un homme de grande autorité, *non spernendæ
auctoritatis ;* un homme de Dieu ; *vir Domini Airaldus,*
chanoine régulier dans sa vie et son costume, *habitu et
vita regularis.....* aussi remarquable par son savoir que
par la sainteté et la pureté de sa vie..... *vir litteris et puritate conspicuus..... castissimus ?*

Evidemment ni l'un ni l'autre. Donc, encore une fois, il
n'y a pas eu deux Ayrald, il n'y en a eu qu'un seul sur le
siège épiscopal de Maurienne, entre Conon II et Bernard Ier ; soit entre 1132 et 1146.

V. De la réponse si singulière du P. Boutrais mentionnée tout-à-l'heure, il y a cependant, pour nous, une chose
à retenir ; c'est l'âge qu'il donne à ce soi-disant nouvel

Ayrald en 1138, année de sa prétendue promotion à l'épiscopat. Cet âge, mis en regard de celui qu'aurait eu le
même Ayrald, à l'époque où on le fait entrer à la Chartreuse
de Portes, va nous fournir un argument de plus pour
prouver qu'il n'y a jamais eu, à Portes, avant 1138, de
chartreux du nom d'Ayrald. D'où il suit : 1° qu'on n'a pas
pu en tirer un Ayrald, cette année-là, pour en faire un
nouvel évêque de Maurienne ; 2° que c'est notre Ayrald,
ancien chanoine régulier et évêque de Maurienne depuis
1132, qui a continué de siéger en Maurienne en 1138 et
les années suivantes jusqu'en 1146, année de sa mort ; et,
par conséquent 3° enfin, qu'il n'y a pas eu deux Ayrald
successivement évêques de Maurienne de 1132 à 1146.

Le R^d P. Boutrais (p. 26) nous dit donc (sans doute
d'après sa *Vie latine manuscrite du B. Ayrald)* que c'est
« vers l'âge de 50 ans » qu'Ayrald aurait été tiré de la
Chartreuse de Portes, pour être placé, en 1138, sur le
siège épiscopal de Maurienne. De son côté, le chanoine
Angley qui, dans son chapitre sur Ayrald, « a suivi exactement » la même *Vie,* traduite par lui de la *Chronique
manuscrite des Chartreux,* nous dit (p. 77) que c'est
« dans l'âge des plaisirs » qu'Ayrald aurait quitté le
monde pour entrer à la Chartreuse de Portes.

Si par « l'âge des plaisirs » on devait entendre l'âge
de 18 ou 20 à 25 ans ; ce serait en 1106, ou 1108, ou,
au plus tard, en 1113, c'est-à-dire 9, 7 ou 2 ans au
moins avant la fondation de la Chartreuse de Portes en
1115, qu'Ayrald serait entré dans cette Chartreuse!!!
Fallut-il même prolonger jusqu'à 30 ans ce qu'on appelle
« l'âge des plaisirs » ; ce serait donc en 1118 qu'Ayrald serait entré à la Chartreuse de Portes, où il serait ensuite
resté religieux jusqu'en 1138 ; c'est-à-dire, au moins
20 années durant.

7

Et l'on voudrait que, pendant ces 20 années de religion, ce chartreux de haute naissance, de grand savoir et de vertus suréminentes, une des illustrations de l'Ordre, en un mot, non seulement ne fût jamais devenu prieur de sa Maison (puisque, d'après le catalogue très exact de ces prieurs, il n'y en a jamais eu un seul du nom d'Ayrald); mais encore qu'il n'eût jamais figuré, même à titre de simple témoin, dans un seul des nombreux actes de la Maison pendant cette période de son premier et rapide accroissement; puisque le nom d'un Ayrald chartreux n'est pas mentionné une seule fois dans un quelconque des antiques documents de Portes : chartes, cartulaires, chroniques, biographies, catalogues, obituaires, etc. Est-ce vraisemblable? est-ce même possible? Je réponds sans hésiter : non. Et je ne crains par d'appeler, de ma réponse, au témoignage de tous ceux qui ont étudié, dans leurs documents primordiaux, les origines de quelques maisons religieuses, chartreuses ou autres. Donc aucun chartreux de marque, du nom d'Ayrald, n'a été longtemps, 20 ans si l'on veut, religieux à Portes avant 1138, ni par conséquent n'a pu en être tiré cette année-là, pour être élevé sur le siège épiscopal de Maurienne. Donc, enfin et une dernière fois, il n'y a pas eu, en Maurienne, deux évêques successifs du nom d'Ayrald, entre 1132 et 1146.

Toutefois, et en résumé, cette hypothèse de deux Ayrald successifs, que M. Truchet déclare « absolument insoutenable », je prends l'engagement de l'adopter, si le P. Boutrais parvient à prouver :

1° qu'un premier Ayrald est mort en 1138;

2° Que ce premier Ayrald, encore vivant en janvier 1138, n'est pas le même évêque Ayrald qui, moins de deux mois plus tard, le 11 mars 1138, assistait à une charte de pacification à Saint-Maurice en Valais ;

3° Que la qualification d'homme de grande maturité et de grande sagesse, *vir magnæ maturitatis et consilii*, si bien méritée par notre Ayrald unique après 30 ans de collaboration avec saint Hugues de Grenoble, et 6 ans d'épiscopat en Maurienne, pouvait, sans choquer le bon sens et les plus vulgaires convenances, être donnée à un évêque nommé d'hier, en présence et à l'exclusion d'un archevêque et de deux évêques, tous trois plus anciens que lui dans l'épiscopat; s'il parvient :

4° A déterminer lequel de ces prétendus *deux* Ayrald, (celui qui avait été d'abord 30 ans ami et collaborateur de saint Hugues en qualité d'archiprêtre, puis 6 ans évêque de Maurienne, et qui méritait déjà, dès 1134, d'être qualifié d'homme de grande autorité, *non spernendæ auctoritatis*, par Guigues-le-Chartreux ; ou celui qui, déjà qualifié de vénérable évêque dans une charte de 1143, *Venerabilis episcopus Maurianensis Airaldus*, mourut en réputation de sainteté en 1146, et fut toujours honoré depuis d'un culte spécial en Maurienne), a pu être passé sous silence au bénéfice de l'autre, par Geoffroi, énumérant, dans la deuxième moitié du xii° siècle, les grands évêques de sa région et de son temps. S'il parvient enfin :

5° A prouver qu'un chartreux de haute naissance, de grand savoir et de grandes vertus, a pu passer 20 ans au moins à la Chartreuse de Portes, non seulement sans en jamais devenir prieur ; mais sans que son nom ait pris place, même à titre de simple témoin, dans un quelconque des actes et documents divers de la Maison.

Tant que le P. Boutrais n'aura pas produit ces diverses preuves (et il ne les produira pas), ni M. Truchet, ni moi, ni d'autres ne pourrons admettre, avec lui, qu'il y ait eu en Maurienne, entre 1132 et 1146 deux évêques du nom d'Ayrald ; et il restera bien et dûment démontré qu'il n'y en a eu qu'un seul.

S'il n'y en a eu qu'un seul, cet unique Ayrald est bien celui qui siégeait en 1135-36. Or celui qui siégeait alors avait été chanoine régulier, et non chartreux, avant son épiscopat (Guigues-le-Chartreux l'affirme clairement dans sa lettre à Innocent II, et le P. Boutrais (p. 17), le reconnaît avec nous) ; donc l'unique Ayrald, évêque de Maurienne, entre 1132 et 1146 avait été chanoine régulier et non chartreux avant son épiscopat. Mais l'évêque Ayrald mort en 1146 est, tout le monde en convient, le même qui fut toujours honoré d'un culte spécial en Maurienne, et que Pie IX a canoniquement élevé naguère au rang des Bienheureux ; donc le B. Ayrald avait été chanoine régulier et non chartreux avant son épiscopat. C. Q. F. D.

Je pourrais m'en tenir là ; et me borner, de concert avec M. Truchet, à opposer comme fin de non recevoir, au Rᵈ P. Boutrais, les impossibilités multiples auxquelles vient se heurter son hypothèse de « deux Ayrald successifs » sur le siège épiscopal de Maurienne entre 1132 et 1146.

Mais je consens volontiers à examiner et discuter encore une fois, avec celui-ci, les deux sortes d'autorités qu'il croit pouvoir invoquer à l'appui de son « insoutenable hypothèse », et qui sont les textes fournis, d'un côté, par les *Obituaires ;* d'un autre côté, par un certain nombre d'*Auteurs.*

§ 2.

Textes des Obituaires.

Sommaire.

I. L'obituaire d'Arvières et celui de Meyria ne disent, ni l'un ni l'autre, qu'Ayrald ait été moine avant, pendant ou après son épiscopat ; moine de l'ordre des chartreux ou de tout autre ; moine de Portes ou d'ailleurs. — II. On lit dans celui de Lyon : *Obiit Ayraldus, monachus quondam Portarum, episcopus Maurianensis.* Traduction de ce texte par le P. Boutrais ; sa pétition de principe, sa théorie erronée, suivant laquelle *quondam, olim et aliàs* se rapporteraient toujours à un état qui n'était plus celui du défunt à sa mort. — La traduction peut être bonne ; la théorie est archi-fausse. Si *quondam* doit se traduire ici, et parfois ailleurs, par *précédemment;* il arrive beaucoup plus souvent qu'on doive le traduire par *feu, défunt, décédé,* et qu'il se rapporte à un état qui était celui du défunt à sa mort. Nombreux exemples tirés : 1° d'un Obituaire de Maurienne ; 2° de l'Obituaire de l'église de Lyon ; 3° du Glossaire de Du Cange ; 4° des *Documenti* et *Sigilli* de Cibrario et Promis; 5° du Cartulaire manuscrit d'Aillon. — III Ayrald eût-il été moine de Portes avant d'être évêque de Maurienne, qu'il n'en résulterait rien de contraire à notre thèse ; puisque cela ne prouverait nullement qu'avant d'être moine, il n'eut pas déjà été une première fois évêque de Maurienne, et auparavant encore chanoine régulier ; pas plus que le fait d'avoir été évêque de Belley, avant de mourir chartreux à Arvières, ne prouve qu'Artaud n'eût déjà pas été une première fois chartreux d'Arvières, et, auparavant encore, chartreux de Portes. L'histoire nous apprend, en effet, qu'Artaud avait été successivement tout cela. — Il n'est pas plus permis, dans le premier cas de scinder notre Ayrald unique pour en faire deux dont l'un, Ayrald Iᵉʳ, aurait été chanoine régulier, et l'autre, Ayrald II, chartreux avant de devenir évêque ; qu'il n'est permis dans le second, d'un seul Artaud d'en faire deux, dont l'un, Artaud Iᵉʳ, aurait été moine d'Arvières avant de devenir évêque de

Belley, et l'autre, Artaud II, aurait été évêque de Belley avant de mourir chartreux d'Arvières. —Les textes des Obituaires ne prouvent donc rien en faveur de l'hypothèse insoutenable de deux Ayrald successifs en Maurienne entre 1132 et 1146.

———

Le P. Boutrais invoque trois textes des Obituaires à l'appui de son hypothèse, les trois mêmes que nous avions déjà cités, après Le Coulteux, et discutés dans les *Recherches* (p. 333 et suiv.). Deux d'entre eux sont tirés des Obituaires des Chartreuses d'Arvières et de Meyria; le troisième est tiré de l'Obituaire de l'église de Lyon.

I. Or, les deux premiers ne nous apprennent absolument rien sur la question en litige. On lisait, en effet, dans celui d'Arvières, sous le 4 des Nones de janvier : *Obiit Ayraldus, monachus, episcopus;* et dans celui de Meyria : *Obiit Ayraldus monachus, episcopus Maurianensis.* Le premier texte nous apprend bien qu'Ayrald a été moine et évêque; le deuxième, qu'il a été moine et évêque de Maurienne. Mais aucun d'eux ne nous dit qu'Ayrald ait été moine avant, pendant ou après son épiscopat; moine de l'ordre des chartreux ou de tout autre ordre; moine de Portes ou d'ailleurs.

Tout ce qu'on pourrait raisonnablement induire de ces deux textes, c'est qu'Ayrald a été moine d'Arvières ou de Meyria, ou mieux d'Arvières et de Meyria, dont les nécrologes inscrivent son anniversaire ; et non moine de Portes, dont le Nécrologe reste absolument muet à son égard, puisqu'aucun auteur, même parmi les chartreux, n'en a jamais rien cité à ce sujet.

Toutefois, s'il était permis de faire dès à présent, à ces deux textes, l'application de la théorie que va formuler tout-à-l'heure le P. Boutrais quand il dira (p. 4) que « l'état, la charge dans lesquels est mort un personnage « sont exprimés sans aucun modificatif »; il faudrait conclure, contre lui, de ces deux textes, qu'Ayrald était tout à la fois moine et évêque au moment de son décès; puisque aucune de ces deux désignations n'est accompagnée d'un « modificatif », dans l'un ou l'autre texte.

Sans doute, le P. Boutrais repoussera cette conclusion; il ferait beaucoup mieux de repousser, avec nous, la fausse théorie d'où elle découle.

Ces deux premiers textes, on le voit, sont donc tout-à-fait étrangers à la question; ils n'apportent pas la moindre lumière dans le débat. Cela est si vrai que, s'ils étaient seuls, on ne saurait ni à quelle époque de sa vie, ni de quel ordre, ni dans quelle maison Ayrald a été moine.

On objectera que le fait seul d'être désigné sous le simple titre de moine, dans un Obituaire de chartreux, prouve que le personnage ainsi désigné était moine de l'ordre auquel appartenait l'Obituaire.

Mais l'objection est si peu fondée qu'on voit souvent des personnages inscrits sous le simple titre de moines dans des Obituaires appartenant à des églises ou à des chapitres où il y avait des chanoines, mais où il n'y avait pas de moines. Ainsi, pour nous en tenir à un Obituaire invoqué par le P. Boutrais, celui de l'église métropolitaine de Lyon; il y avait bien dans cette église, un chapitre de chanoines; mais il n'y avait nul couvent de moines. Et cependant, on lit dans son Obituaire : ..... *Obierunt...* p. 45, l. 13 : *Bertranus monachus*; p. 46, l. 2 :.... *Hugo monachus...* ; l. 16 : ..... *Isuardus monachus*.....; p. 54, l. 26 : ..... *Guido monachus*.....; p. 119, l. 3 : ... *Amicus monachus*.....; etc., etc. A quel ordre appartenait chacun de ces différents *moines*? On n'en sait rien. Mais ce qui est certain c'est qu'aucun n'était moine de l'église de Lyon dont l'Obituaire les mentionne, puisque cette église ne possédait aucun couvent de moines. L'objection reste donc sans portée.

II. Le troisième texte est plus explicite. C'est le seul que le P. Boutrais puisse sérieusement invoquer à l'appui de sa thèse. Aussi est-ce à le commenter, à l'interpréter d'une manière favorable à ses vues qu'il fait converger tous ses efforts. Nous allons voir avec quel succès.

Ce texte est tiré d'un exemplaire de l'*Obituaire* de l'église métropolitaine de Lyon écrit vers, ou peu avant 1275, mais qui n'existe probablement plus aujourd'hui; puisqu'il n'est pas au nombre des quatre seuls exemplaires que l'infatigable et savant M. Guigues ait pu découvrir et mettre à profit pour sa publication de l'*Obituaire de cette église* [1]. Pourtant, il existait encore au XVIIe siècle ; et, suivant Le Coulteux, on y lisait ce passage qu'on ne retrouve plus dans aucun des quatre manuscrits consultés par M. Guigues : *Obiit Ayraldus, monachus* QUONDAM *Portarum, episcopus Maurianensis.*

Le Rd P. Boutrais veut qu'on traduise ainsi ce texte : « décès d'Ayrald, *précédemment* moine de Portes, *puis* « évêque de Maurienne » ..... « Que tel soit » (dit-il « pages 3 et 4) « le sens de cette phrase, il suffit d'être « un peu familiarisé avec le style des obituaires pour s'en « convaincre »..... « Ces mots (ajoute-t-il d'un air d'assurance qui étonnerait beaucoup Du Cange et les continua-

---

[1] *Obituarium Lugdunensis Ecclesiæ* : Lyon, Scheuring. 1867.

teurs de son *Glossaire*, s'ils vivaient encore) « ces mots :
« *quondam, olim, aliàs*, et autres semblables, se rappor-
« tent TOUJOURS à un état qui n'était plus celui du défunt
« au moment de sa mort, à une charge qu'il avait au-
« trefois remplie ; mais qu'il ne remplissait plus lors-
« qu'il mourut ; tandis que, au contraire, l'état, la charge
« dans lesquels il est mort sont exprimés sans modifi-
« catif. »

La traduction du P. Boutrais peut être excellente ; mais
la théorie générale à l'aide de laquelle il croit la justifier
est entièrement fausse. Si bien que, laissant de côté les
mots : *olim* et *aliàs*, qui ne sont point en cause, et n'ont
rien à faire ici, on pourrait, prenant juste le contre-pied
de son affirmation, soutenir hardiment qu' « il suffit
d'être un peu familiarisé avec le style des obituaires » et
des divers autres documents du moyen âge (inventaires,
comptes-rendus, chartes, cartulaires, procès-verbaux de
visites pastorales, etc.) pour se convaincre que le mot
quondam se rapporte *presque toujours* à un état qui était
celui du défunt au moment de sa mort, ou à une charge
qu'il remplissait encore lorsqu'il mourut.

A l'appui de sa singulière théorie absolue, le P. Boutrais
cite, (p. 4) cet exemple tiré de l'Obituaire de Lyon :
« *II° Nonas Octobris* [*obiit*] *Artoudus bone memorie,*
« *Monachus Alverie et sacerdos quondam episcopus Belli-*
« *censis.* Artaud, de bonne mémoire, moine d'Arvières et
« prêtre, *précédemment* évêque de Belley. »

Puis il ajoute : « L'histoire en main et nous servant
« comme de dictionnaire, nous savons que..... *quondam*
« doit, de toute nécessité, se traduire par *précédemment*.
« En effet... saint Artaud, après avoir été évêque de
« Belley, mourut simple religieux à la chartreuse d'Ar-
« vières. »

Tout cela est parfaitement vrai. Mais, lors même que
QUONDAM devrait de toute nécessité, se traduire ici par *précédemment,* il s'en faudrait de beaucoup que ce fût un motif
suffisant pour conclure, du particulier au général, qu'il
doit *toujours,* ou même ordinairement, se traduire ailleurs
de la même manière. Car, pour un texte que cite le P. Boutrais, et un petit nombre d'autres textes qu'il serait possible d'y joindre à l'appui de sa théorie générale, textes
dans lesquels *quondam* se rapporte à un état qui n'était
plus celui du défunt au moment de sa mort, et semble
devoir se traduire par *précédemment* ; c'est par centaines
et par milliers qu'on en pourrait citer dans lesquels *quondam* se rapporte, au contraire, à un état qui était précisément celui du défunt au moment de sa mort, et doit, de
toute nécessité, se traduire non point par *précédemment,*
mais par feu ou défunt, ou décédé ; comme nous disions :
tel, fils ou frère de *feu* ou *défunt* tel ; ou fils de tel, *décédé.*

Ainsi : 1° on lit dans un Obituaire de l'église de Maurienne, sous le XV des calendes de mai (17 avril) : .....
Obiit venerabilis pater Dominus Amblardus QUONDAM *Maurianensis episcopus*[1] ;

2° dans l'Obituaire de l'église de Lyon, cité plus haut, on
lit, sous le IV des Ides de mai (12 mai) : *Obiit Willelma,
comitissa Forensis, mater domini Raynaudi* QUONDAM
archiepiscopi Lugdunensis ; — sous le VII des calendes
de novembre (26 octobre) : .... *conquerementis factis...
à domina Paula uxore* QUONDAM *domini Guidonis Girardi,
militis ;* — sous le XVII des calendes de décembre
(15 novembre) : *Obiit Joannes Ray* [mun]*di, civis* QUON-
DAM *Lugdunensis ;* — sous le VII des calendes de décembre (25 novembre) : *Anniversarium reverendissimi*

---

[1] Cibrario. *Documenti,* p. 294.

in Christo Patris domini Henrici de Villars, QUONDAM
archiepiscopi et comitis Lugdunensis..... et plus bas :
... *anno domini 1355° et die 25 novembris, obiit Reve-
rendus in Christo Pater et Dominus Henricus de Villars,
bone memorie archiepiscopus et comes Lugdunensis....*,
et plus bas encore (p. 162) : ..... *Obiit Dominus Laurentius Villarderii, canonicus Sancti Nicetii Lugdunensis, capellanus et familiaris predicti domini Henrici*
QUONDAM *archiepiscopi Lugdunensis et comitis... Obiit
dictus Laurentius die Veneris post Quasimodo, videlicet
13ª die aprilis, anno domini 1358°.*

Or : « l'histoire en main et nous servant comme de dictionnaire, » nous savons qu'Amblard d'Entremont, fonda-
teur de la chartreuse de Currières, mourut évêque de Maurienne en 1308 ; que Guillelmine, comtesse de Forez,
mourut comtesse de Forez après 1227, survivant ainsi à
son fils Raynaud, mort lui-même archevêque de Lyon, le
22 octobre 1226, après un épiscopat de 33 ans ; que Jean
Raymond était en 1272, et mourut en 1288, citoyen de
Lyon ; enfin, que Henry de Villars mourut archevêque de
Lyon, le 25 novembre 1355.

3° Dans un inventaire de 1476, cité au Glossaire de Du
Cange, on lit : *Nobilis senhoretus de Merenchis* QUONDAM
OLIM *dominus loci Flammarensis*..... et plus loin :... *cum
possessionibus eidem bordili pertinentibus quod* OLIM *fuit
Johannis de Ausenis* QUONDAM : — Feu noble senhoret de
Mérenches, autrefois seigneur de Flammarens..... — Avec
les possessions dépendant de la même terre, ou métairie,
qui appartenait *autrefois* à *feu* ou *défunt* Jean de Ausenis.

Ici, *olim* et *quondam* se trouvent réunis dans chacun
des passages cités ; que devient donc la bizarre théorie
générale d'après laquelle ces mots « se rapporteraient

toujours, l'un comme l'autre, à un état qui n'était plus celui du défunt au moment de sa mort....; tandis que, au contraire, l'état, la charge dans lesquels il est mort seraient exprimés sans aucun modificatif !!! »

L'application de cette singulière théorie aux deux textes précités nous conduirait aux traductions de logomachique tournure que voici :

Le précédemment noble senhoret de Merenches, précédemment seigneur de Flammarens. La terre qui précédemment appartenait à précédemment Jean de *Ausenis !*

4° Si j'ouvre les *Documenti, Sigilli* etc. de Cibrario et Promis, je lis à la page 82, (charte de 1253) : *Thomas de Sabaudia comes* (Thomas II)..... *Cum vidissemus..... cartam sigillatam sigillis illustrium ac nobilium virorum Domini Thomæ* (Thomas I) QUONDAM *Patris nostri, et Domini Amedei fratris nostri* (Amé IV) ; — p. 83 (charte du 17 février 1189 : ..... *Discordia.... inter Dominum Gaymarum episcopum Yporiensem, et nepotes suos filios* CONDAM *Otonis de Solerio ;* — p. 151 (charte de 1246, *vidimus* de 1310) : ..... *inter Dominum Thomam de Sabaudia,* QUONDAM *comitem, ex una parte* — p. 202, (charte de 1270) : ..... *Nos Thomas et Amedeus de Sabaudia, filii Domini Thomæ de Sabaudia* QUONDAM *comitis ?* — p. 224, (charte de 1289) : ..... *Rodulphus filius* QUONDAM *Petri de Grueria ;* — p. 251 (charte de 1317) : ..... *Amedeus comes..... per bonæ memoriæ Dominum Amedeum comitem* QUONDAM *Sabaudiæ, predecessorem nostrum.*

5° J'ai sous la main le Cartulaire (manuscrit) de la chartreuse d'Aillon ; je l'ouvre au hasard et je lis sous les chartes : n° 89 (de 1242) : ..... *Wido filius* QUONDAM *Hugonis de Camusseto ;* — n° 90 (de 1249) : ..... *Rodulphus*

Jacobus et Humbertus, fratres, dixerunt se esse certos et memores quod eorum Pater QUONDAM *Dominus Humbertus miles de Ethone :* ..... — n° 92 (de 1248) : ..... *Giroudus de Barberaz* ..... *Albertus* QUONDAM *avunculus ejus ;* — n° 93 (1239): ..... *inter Dominam Elisabeth uxorem* QUONDAM *Pontii militis de Albiniaco ;* — n° 94 (1239) : ..... *inter Domum Allionis ex una parte, et Dominam Elisabeth uxorem* QUONDAM *Pontii, militis, de Albiniaco* — n° 95 (1239)..... *Domina Elisabeth uxor* QUONDAM *Pontii militis de Albiniaco;* — n° 96 (1239) :..... *Johannes de Porta, filius* QUONDAM *Willelmi de Miolano ;* — n° 99 (1238) : ..... *Jacobus filius* QUONDAM *Petri de Porta ;* n° 103 (1236)..... *Domina Agnes filia* QUONDAM *Willelmi Vien;* — n° 105 (1240) : ..... *Bonafilia, filia* QUONDAM *Dominæ Richel Vien* ..... *dedit* ..... *omnia jura quæ habebat in omnibus bonis matris suæ* QUONDAM *Richel Vien* ..... etc., etc. Arrêtons-nous là.

Est-ce que, dans tous ces textes, et dans des milliers d'autres qu'il serait facile d'y ajouter, *quondam* « se rap- « porte à un état qui n'était plus celui du défunt au « moment de sa mort, et doit se traduire par *précédem- « ment ?* » N'est-il pas au contraire évident, d'après la seule signification des mots, et sans consulter l'histoire, que, dans chacun de ces cas, et dans mille autres analo- gues, *quondam* « se rapporte toujours à un état qui était « celui du défunt au moment de sa mort, et doit se tra- « duire par *feu, feue, défunt, décédé,* ou autres expres- « sions équivalentes ? »

La seule traduction raisonnable et possible de ces di- vers textes est donc celle-ci : ..... les sceaux de *feu* le sei- gneur Thomas, notre Père ; — les fils de *feu* Oton du So- lier ; — entre le *feu* comte Thomas de Savoie, d'une part ;

— Nous Thomas et Amédée de Savoie, fils du *feu* comte Thomas de Savoie ; — Rodolphe fils de *feu* (ou *défunt*) Pierre de Gruyères ; — par *feu* Amédé, comte de Savoie, notre prédécesseur ; — Guy, fils de *feu* Hugues de Chamousset, ou fils de Hugues de Chamousset, *décédé* ; — Rodolphe, Jacques et Humbert affirment que leur *feu* Père, (ou *feu* leur Père, ou leur *défunt* Père), le seigneur chevalier Humbert d'Aiton ; — Giroud de Barberaz..... son *feu* oncle Albert ; — Dame Elisabeth, femme ou veuve de *feu* le chevalier Ponce d'Albigny ; — Jean de la Porte, fils de *feu* (ou *défunt*) Guillaume de Miolan ; — Jacques, fils de *feu* Pierre de la Porte ; Dame Agnès, fille de *feu* Guillaume Vien [nois] — Bonnefille, fille de *fcue* dame Richel Vien [nois]..... céda tous les droits qu'elle avait sur les biens de Richel Vien [nois], sa *défunte* mère.

De tous ces textes, il résulte avec évidence qu'il est très faux de dire, en thèse générale, que *quondam* se rapporte *toujours* à un état qui n'était plus celui du défunt au moment de sa mort, et doit *toujours* se traduire par précédemment ; cela n'est vrai que rarement et par exception ; et « il suffit pour s'en convaincre, d'être un « peu familiarisé avec le style des Obituaires » et des divers autres documents du moyen âge.

Sans doute, dans le texte relatif à Artaud, *quondam* doit, d'après les données de l'histoire, se traduire par précédemment ; mais ce n'est pas un motif pour qu'il doive nécessairement se traduire de la même manière dans le texte relatif à Ayrald, puisque l'histoire contemporaine d'Ayrald est muette à cet égard. Si donc le texte : *Obiit, Ayraldus, monachus quondam Portarum, episcopus Maurianensis* peut se traduire ainsi : Décès d'Ayrald, précédemment chartreux de Portes, puis évêque de Mau-

rienne ; il pourrait également se traduire de cette autre
manière : *Obit, service* ou *anniversaire* de *feu* le moine Ayrald, évêque de Maurienne ; ou : *obit* d'Ayrald, évêque
de Maurienne, *décédé* moine de Portes ; car le mot *Obiit*
ne signifie pas invariablement que le personnage désigné
sous tel jour à l'obituaire est mort ce jour là ; il signifie
parfois simplement que son *obit*, son *service* ou son *anniversaire* est fixé au dit jour, souvent assez éloigné du
jour de son décès.

Entre autres preuves de ce fait que nous pourrions
alléguer, nous en avons une frappante dans le passage
de l'obituaire de Lyon cité plus haut (p. 107) ; passage
où nous voyons fixé au VII des Kalendes de Décembre
(25 novembre) *l'obit* ou le *service anniversaire* de Laurent
Villardier, chanoine de Saint-Nizier, que le même passage
nous dit être mort le 13 avril précédent.

III. Mais admettons que l'histoire ait parlé pour Ayrald
comme elle a fait pour Artaud, et démontré la parfaite
exactitude de la traduction du P. Boutrais : « Décès
« d'Ayrald, *précédemment* moine de Portes, puis évêque
« de Maurienne ». Que s'ensuivrait-il contre notre thèse ?
Absolument rien.

En effet, parce que Ayrald aurait été moine de Portes
avant d'être évêque de Maurienne, cela ne prouverait pas
que, avant d'être moine de Portes, il n'eût pas déjà été une
première fois, évêque de Maurienne et, auparavant encore, chanoine régulier de Saint-Augustin, quoique son
article nécrologique dans l'Obituaire de Lyon ne fasse nulle
mention de ces deux états antérieurs.

Eclaircissons notre pensée par un exemple que le P.

Boutrais ne récusera pas : celui d'Artaud, évêque de
Belley, qu'il cite lui-même à l'appui de sa fausse théorie :
Obiit Artaldus, monachus Alveric et sacerdos QUONDAM
episcopus Bellicensis. « Décès d'Artaud, moine d'Arvières
« et prêtre, *précedemment* évêque de Belley ». Est-ce
que le fait d'avoir été évêque de Belley avant de mourir
simple chartreux à Arvières, prouverait qu'Artaud n'avait
pas pu être, et n'avait pas été déjà réellement une première
fois chartreux d'Arvières, et même, antérieurement encore, chartreux dans une autre Maison avant de devenir
évêque de Belley ? Nullement.

Cela est si vrai que la même histoire qui nous apprend
que, avant de mourir chartreux à Arvières, Artaud avait
été évêque de Belley, nous apprend aussi, le P. Boutrais
l'a lu comme nous dans l'Obituaire de Lyon [1] que, avant
de devenir évêque de Belley, Artaud avait déjà été chartreux à Arvières, et auparavant encore chartreux de Portes,
bien que cet article nécrologique dans l'Obituaire de Lyon
ne fasse nulle mention de ces deux états antérieurs.

De même donc que, le fait d'avoir été évêque de Belley,
avant de mourir simple chartreux à Arvières, n'empêche
pas Artaud d'avoir déjà, antérieurement à son épiscopat,
été une première fois moine d'Arvières et, auparavant
encore moine de Portes ; ainsi, parce que notre Ayrald
aurait été chartreux de Portes avant de mourir évêque de
Maurienne, cela ne l'empêcherait pas davantage d'avoir
déjà été une première fois évêque de Maurienne avant de
devenir chartreux de Portes et, auparavant encore, chanoine régulier ami et collaborateur de saint Hugues, conformément à l'argumentation très rationnelle exposée à la

---

[1] Voir cet *Obituaire*, p. 128, note 1.

p. 359 des *Recherches sur le Décanat*, et dont voici la substance :

« Il est démontré, d'une part, qu'il n'y a eu en Maurienne, entre 1132 et 1146, qu'un seul évêque du nom d'Ayrald, et que cet Ayrald avait été chanoine régulier et non chartreux avant son épiscopat. S'il est avéré, d'une autre part, que ce même Ayrald a été, une fois ou une autre, chartreux de Portes avant sa mort ; pour concilier ces deux faits, il faut nécessairement admettre qu'Ayrald est devenu chartreux de Portes ou durant une courte interruption de son épiscopat, ou vers la fin de ce même épiscopat. »

Et maintenant que dirait le P. Boutrais si, parce que Artaud a été moine d'Arvières et, antérieurement encore, moine de Portes avant de devenir évêque de Belley, et évêque de Belley avant de redevenir et de mourir moine d'Arvières ; il nous voyait, pour le besoin d'une thèse aventurée, scinder cet Artaud afin de pouvoir, d'un seul véritable en faire deux, et conclure à l'existence de deux évêques successifs de ce nom sur le siège de Belley : l'un, Artaud Ier, qui aurait été chartreux de Portes avant de devenir chartreux d'Arvières, puis évêque de Belley ; et l'autre, Artaud II, qui aurait été évêque de Belley avant de devenir et de mourir chartreux d'Arvières ?

Et que veut-il que nous disions, à notre tour, quand nous le voyons, pour les besoins d'une thèse « absolument insoutenable », scinder notre unique Ayrald, et d'un seul véritable en faire deux : l'un, Ayrald Ier, qui aurait été chanoine régulier avant de devenir évêque de Maurienne ; l'autre, Ayrald II qui, avant de devenir évêque de Maurienne, aurait été chartreux de Portes ?

Lors donc que, après avoir invoqué en faveur de son

hypothèse, les trois textes tirés des obituaires d'Arvières,
de Meyria et de Lyon, et avoir commenté à sa manière,
à l'aide de maximes ou théories générales archi-fausses, le
quondam de l'Obituaire de Lyon au sujet d'Ayrald, le P.
Boutrais (p. 8) s'exclame en se résumant : « Les obituaires,
« voilà la base solide et inébranlable sur laquelle repose
« la tradition de Maurienne et des chartreux » ; nous ne
craignons pas de lui répondre : si votre tradition n'a pas
d'autre base, elle ne repose que sur le vide ; vous venez
de le voir.

Je ne m'attarderai pas à discuter cet autre prétendu
axiome du P. Boutrais suivant lequel un Obituaire, « fut-
« il rédigé pour la première fois en 1880 sur des pièces
« authentiques, s'il remonte jusqu'à 1220, sera plus
« ancien que tel autre Obituaire composé au xive siècle,
« mais ne commençant ses indications qu'en 1260 (p. 7) ».
Ce qui reviendrait à dire que l'histoire ecclésiastique de
de Rorbacher, ou celle de Darras, composées au xixe siècle,
mais remontant jusqu'à l'origine du monde, sont plus
anciennes que les *Annales* de Tacite, composées au 1er siècle de notre ère.

Je ne discuterai pas davantage ce nouvel aphorisme
absolu souligné par le P. Boutrais : « *Un obituaire est
contemporain du fait qu'il mentionne* (p. 8), puisque
l'*obiit* était inscrit le jour même du décès, ou dès que l'on
recevait la nouvelle de la mort » (p. 6).

C'est ainsi, en effet, que les choses se passaient ordinairement ; mais non pas toujours. Car, si le fait ou le
décès mentionné au nécrologe était antérieur de plusieurs
mois au jour sous lequel l'*obiit* y est inscrit, comme le
décès du chanoine Vilardier arrivé le 13 avril 1358, tandis que son *obiit* n'est inscrit que sous le 25 novembre

(voir ci-devant, page 107) ; ou bien si le décès était antérieur de plusieurs années à l'époque de son insertion à
l'obituaire, comme l'était le décès d'Humbert II de Savoie,
arrivé dès 1103, mais inséré seulement 40 ans plus tard,
en 1143, à l'obituaire de Saint-Maurice-d'Agaume (*Guichenon, Savoie*; *Preuves*, p. 34) ; est-ce que : 1° cet
obituaire, s'il n'avait été commencé qu'à la veille ou au
jour de l'insertion du fait, serait encore contemporain de
ce fait ? Est-ce que : 2° l'*obiit* aurait encore été inscrit le
jour même du décès ?

Je laisse de côté d'autres maximes ou aphorismes de
même force que les précédents. J'ai hâte d'arriver à ces
prétendus nombreux auteurs qui sont censés avoir continué « d'âge en âge et sans interruption » la tradition de
Maurienne et des chartreux affirmant, d'après les obituaires, qu'Ayrald avait été chartreux et non chanoine
régulier avant son épiscopat.

« D'âge en âge et sans interruption » ! nous dit le P.
Boutrais (p. 8). Eh bien, *à priori* et sans attendre la
production de ses preuves, je le mets au défi de citer,
pendant les trois ou quatre premiers siècles qui suivirent
la mort d'Ayrald, un auteur, *un seul*, qui ait écrit un
seul mot indiquant, de près ou de loin, qu'Ayrald a été tiré
de la chartreuse de Portes pour être placé sur le siège
épiscopal de Maurienne !

§ 3.

Arguments d'autorité,

tirés des textes de divers auteurs et documents.

———

Sommaire.

I. Des trois Obituaires invoqués par le P. Boutrais, seul celui de Lyon dit qu'Ayrald a été chartreux de Portes, et cet Obituaire est postérieur de 120 ans à la mort d'Ayrald; il n'est donc pas vrai de dire que *les* Obituaires inscrivirent à la mort d'Ayrald, qu'il avait été moine de Portes. Il eut été fort utile d'accompagner chaque citation de quelques remarques, et surtout des dates qui y sont indiquées. — II. Le premier texte cité par le P. Boutrais est tiré d'un auteur qu'il prétend avoir écrit la *biographie* d'Ayrald au xii° siècle: or, cette biographie a été écrite au xvii° siècle, et n'est autre que la *Vie d'Ayrald* farcie d'invraisemblances répudiée par dom C. Le Coulteux; d'où il suit que les expressions *nuper Bellicensem episcopum* se rapportent au temps de la mort d'Ayrald et non à celui où le pseudo-biographe écrivait sa Vie.— III. Les invraisemblances fourmillent dans la pseudo-vie d'Ayrald invoquée par nos contradicteurs. Ainsi, il est invraisemblable : 1° qu'Ayrald ait vécu à Portes avec 17 novices, les statuts fixant à 12, ou au plus à 14, le nombre des religieux de chaque Chartreuse ; 2° qu'il ait eu l'habitude de se rendre avec Hugues II à la Chartreuse de Portes (ils n'y ont été ensemble qu'une fois, en 1135); 3° qu'ils aient eu l'habitude de s'y rendre pour faire des retraites sous le prieur Bernard, qu'ils n'avaient peut-être jamais vu avant 1135 ; 4° que Bernard les eût formés à la vertu; puisque ni l'un ni l'autre n'avait été sous sa direction, Hugues II ayant été novice de la Grande-

Chartreuse, et Ayrald n'ayant encore jamais été chartreux avant 1135, ni même avant 1138 selon le P. Boutrais. Impossible de concilier l'hypothèse d'un Ayrald Iᵉʳ non chartreux avant 1138 du P. Boutrais, avec la visite, en 1135, d'Ayrald à Portes, où il aurait été chartreux auparavant. Le P. Boutrais n'ose publier que quatre lignes d'une vie d'Ayrald qu'il prétend écrite au xiiᵉ siècle ; nouvelle preuve qu'elle est apocryphe, sans quoi il la publierait textuellement et toute entière. — IV. Le *Brevis Index*, le plus ancien document invoqué par le P. Boutrais, à la suite du précédent, est du xviᵉ siècle. Fût-il des dernières années du xvᵉ qu'il serait encore postérieur d'au moins 350 ans (trois siècles et demi) à la mort d'Ayrald. Que devient ainsi la promesse du P. Boutrais de démontrer, en citant « nombre d'auteurs », que la tradition, qui veut qu'Ayrald ait été chartreux avant de venir évêque, « s'est continuée d'âge en âge et sans interruption » depuis Ayrald jusqu'à nous ? Cette tradition, qu'on prétend ininterrompue, a commencé par rester muette 350 années durant, après la mort d'Ayrald. — V. Tous les textes des auteurs dont le P. Boutrais invoque le témoignage, et que nous avons pu vérifier, portent avec eux des dates. Le P. Boutrais dans les citations qu'il donne de ces textes, supprime toutes leurs dates sans exception. — Examen des textes de Chifflet, de la *Gallia christiana*, de Guichenon, de la thèse Togniet, de Théophile Reynaud, de dom N. Molin, de Morozzo et de l'inscription du tombeau d'Ayrald, cités par le P. Boutrais, et aussi des dates fournies par dom Polycarpe de la Rivière et par le Bollandiste *Henschenius*. Pourquoi le P. Boutrais, supprime les dates des textes cités ; ces textes, dépouillés de leurs dates, ne « parlent plus suffisamment. » Ces dates étant toutes erronées, et ne méritant aucune confiance, les textes mutilés n'en méritent pas davantage. Leurs auteurs se sont copiés servilement, et fussent-ils cent ou mille au lieu de 15 ou 20, leur autorité n'en serait pas accrue, non *numerandi, sed ponderandi.* — VI. Pourquoi j'ai récusé le témoignage de Tromby : 1º son texte, en partie véridique, renferme cependant plusieurs erreurs. Par un motif analogue, le P. Boutrais aurait dû répudier le témoignage des auteurs qu'il invoque. 2º Je voulais, surtout, ne m'appuyer que sur des auteurs du xiiᵉ siècle ; c'est là le motif principal qui m'empêche de m'appuyer sur le témoignage de Tromby, auteur chartreux du xviiiᵉ siècle. — VII. Témoignage de dom N. Molin ; exception du P. Boutrais en sa faveur ; inconcevable suppression des dates assignées par son texte à l'épiscopat d'Ayrald ; valeur de son témoignage appréciée par dom Le Coulteux, cité par Papebrock. — Conclusions. — Protestation.

I

Le P. Boutrais nous annonce (p. 8) qu'il « lui sera facile de démontrer », en citant « nombre d'auteurs », que la tradition, basée sur les Obituaires, qui veut qu'Ayrald ait été chartreux de Portes avant de devenir évêque de Maurienne « s'est continuée d'âge en âge sans interruption ». Il cite ensuite 15 à 18 extraits d'auteurs et documents divers, après lesquels il ajoute (p. 12) : « Tous « ces textes répètent d'âge en âge ce que les Obituaires « inscrivirent à la mort de notre bienheureux : *Ayraldus* « QUONDAM MONACHUS *Portarum episcopus Maurianensis.* »

Nous verrons tout-à-l'heure à quoi se réduit ce prétendu « d'âge en âge et sans interruption ». Mais rectifions, auparavant, les inexactitudes dont ce dernier passage est émaillé.

Pourquoi, 1°, dire : « *les Obituaires* » quand, des trois Obituaires connus qui font mention d'Ayrald, un seul, celui de Lyon, le désigne comme ayant été chartreux à Portes ; les autres, celui d'Arvières : *Obiit Ayraldus monachus episcopus* ; et celui de Meyria : *Obiit Ayraldus, monachus, episcopus Maurianensis*, ne contenant pas un mot dont on puisse inférer qu'Ayrald a été moine de l'ordre des chartreux ou d'un autre Ordre ; moine de Portes ou d'ailleurs ? Pourquoi, 2°, dire que ce texte a été inscrit « à la mort du B. Ayrald », quand le seul Obituaire qui le contient n'a été écrit lui-même que vers ou peu avant 1275 ; c'est-à-dire au moins 120 ans après le décès d'Ayrald en 1146 ? Pourquoi, 3°, transposer ici le mot *quondam* et écrire : *Ayraldus quondam monachus Portarum*, quand le texte original porte : *monachus quondam Portarum* ; ce qui peut donner lieu à une traduction toute différente ? La réponse à tous ces pourquoi n'est pas difficile à trouver.

Le P. Boutrais dit encore (p. 12) que, « sauf pour le « texte de dom N. Molin », il a « pensé qu'il était inutile « d'accompagner chaque citation de quelques remarques, « le texte parlant suffisamment de lui-même ». Tel n'est point notre avis ; et nous aurons soin, on verra pourquoi, d'accompagner de quelques remarques, et surtout de quelques dates (ces dates qu'on a appelées à bon droit : « un des yeux de l'histoire »), un certain nombre des textes cités par le R. Père.

II

Le premier texte cité (p. 8) est ainsi conçu : Ayrald... « *ad montem Portarum velut Moyses in eremo... ascendit... amabilis adeò et benignus ut, aliquod post professionem annis... ad Pontificales Maurianensis ecclesiæ infulas... evocaretur.* » Il est tiré d'une *Vie* d'Ayrald écrite par un auteur que le P. Boutrais déclare « presque contemporain » du Bienheureux.

Je m'empresse de le reconnaître : s'il était vrai que l'auteur de cette *Vie d'Ayrald* eût été « presque contemporain » du B., son témoignage ne saurait être récusé par qui que ce soit. Et, même isolé, il suffirait à démontrer,

envers et contre tous, qu'Ayrald a d'abord été chartreux
de Portes, d'où il a ensuite été tiré pour être placé sur
le siège épiscopal de Maurienne ; ou, en d'autres termes,
qu'il a été chartreux de Portes avant de devenir évêque,
conformément à la thèse du P. Boutrais.

Malheureusement pour cette thèse ; au lieu d'avoir été
« presque contemporain d'Ayrald », c'est-à-dire d'avoir
vécu au XIIᵉ siècle, l'auteur de sa *Vie* n'a vécu qu'au
XVIIᵉ siècle, soit environ 500 ans *après la mort* du Bienheureux, ainsi que nous allons le montrer en étudiant
de près ladite *Vie* qui n'est autre que la pseudo-vie
d'Ayrald, farcie d'invraisemblances, mentionnée et répudiée par D. Le Coulteux.

En effet, cette *Vie*, soi-disant du XIIᵉ siècle, est bien la
même que M. Truchet a eue sous les yeux. Cela ressort
avec évidence de l'identité parfaite entre les expressions
du passage qu'il en cite (p. 31) et les expressions du
même passage cité plus haut par le P. Boutrais ; avec
cette seule différence que les mots placés ici entre crochets de la citation de M. Truchet, sont remplacés par
des points dans la citation du P. Boutrais, comme il est
facile de s'en assurer en les comparant l'une à l'autre :...
[*cunctisque*] *adeò amabilis et benignus, ut aliquot post
professionem annis* [*elapsis*] *ad Pontificales Maurianensis
ecclesiæ infulas* [*divino nutu*] *evocaretur.*

Le P. Boutrais nous apprend (p. 42) que cette même
Vie a été insérée par dom Léon Le Vasseur, dans ses
Ephémérides cartusiennes. M. Truchet nous dit (p. 31)
qu'elle est tirée sous le nom de *Chronique manuscrite
des Chartreux*, de l'*Index Episcoporum Cartusiensium ;*
qu'elle a été insérée toute entière, par Combet, dans son
Histoire des évêques de Maurienne ; enfin qu'elle est

suivie par le chanoine Angley dans son *Histoire du Diocèse de Maurienne*. Angley lui-même nous prévient (p. 77)
qu'il va la « suivre exactement dans son récit de la *Vie*
d'Ayrald ». Aussi, est-ce là que nous la prendrons pour
l'étudier à notre tour, dans sa traduction française, faute
de pouvoir le faire sur le texte latin, qu'il ne nous est
pas donné d'avoir sous les yeux.

Enfin cette *Vie* d'Ayrald, reproduite par Angley, à la
suite des auteurs précédents, est bien toujours la même
que celle dont Le Coulteux affirme qu'elle était partout
répandue de son temps (xviie siècle), chez les Chartreux
et ailleurs ; car elles renferment, l'une et l'autre, le
fameux passage déjà réfuté par Le Coulteux, où il est
dit qu'Ayrald vécut à Portes avec dix-sept novices. Seulement, tandis que le P. Boutrais veut qu'elle ait été
composée vers le milieu du xiie siècle, par un auteur
« presque contemporain » d'Ayrald; Le Coulteux, qui écrivait vers la fin du xviie siècle, soutient au contraire (et il
devait être bien informé) qu'elle avait été composée par
un auteur alors très récent : *à recentiore quodam auctore
scripta*. Je crois, en effet, que le P. Boutrais serait fort
empêché d'en produire un seul exemplaire antérieur au
xviie siècle ; bien qu'il nous dise (p. 43) qu'en avril
1738 « Mgr Martiniana reçut de la Grande-Chartreuse une
copie authentique d'un ANCIEN *manuscrit* donnant une
Vie du Bienheureux ».

Après avoir affirmé que la *Vie* d'Ayrald a été écrite par
un auteur « presque contemporain du Bienheureux », le
P. Boutrais essaye de prouver son affirmation par une
note ainsi conçue qu'il renvoie timidement au bas de la
page : « Ayrald, dit son *premier* historien, fut assisté au
« lit de mort par Bernard de Portes qui *était dernière-*

« *ment* évêque de Belley, NUPER *Bellicensem præsulem.*
« Pour s'exprimer de la sorte, le biographe d'Ayrald
« *devait* être le contemporain de Bernard, qui mourut
« le 17 des calendes de janvier 1152 ».

Ainsi le nœud de la difficulté résiderait ici dans l'ad-
verbe NUPER que le P. Boutrais cite, avec raison, en lettres
majuscules. Le R^d Père veut que ce *nuper* se rapporte, non
au temps de la mort d'Ayrald ; mais au temps où son
biographe en écrivait la *Vie* ; et il le traduit par « *était
dernièrement*, aussi souligné. Mais pourquoi le veut-il ?
Sinon uniquement parce qu'il a besoin, pour donner du
poids à son affirmation, de faire du biographe un « presque contemporain d'Ayrald » ; c'est-à-dire un auteur du
XIIe siècle ? Son mode d'argumentation a vraiment de quoi
étonner.

Pour prouver que le biographe était « presque contemporain » d'Ayrald ; il commence par donner une traduction, qui suppose la contemporanéité déjà connue d'ailleurs et démontrée ou acceptée d'avance. Puis il se sert de
cette même traduction pour démontrer la contemporanéité. Comment ne s'aperçoit-il pas qu'il commet une
véritable pétition de principe ; c'est-à-dire qu'il donne
en preuve précisément ce qui est en question ; et, par la
même, que sa prétendue preuve... ne prouve rien ?

Telle n'est point la manière très rationnelle de procéder
du chanoine Angley. Il rapporte ainsi (p. 88) le même
texte latin d'après la *Chronique manuscrite* des Chartreux :
nuper Bellicensis episcopus, et traduit de cette manière
(p. 83) : Ayrald, avant de mourir, fit venir auprès de lui
Bernard « *qui avait été depuis peu...* » ; et ailleurs,
(p. 88)... Bernard... « *ayant été depuis peu évêque de
Belley...* »

La traduction du chanoine Angley s'explique très bien. Lui, qui n'a l'esprit troublé d'aucune idée préconçue, d'aucun parti pris, quand il voit, dans la *Biographie,* d'abord le récit de la mort d'Ayrald au XIIe siècle ; ensuite le récit des miracles opérés à son tombeau, « pendant des siècles » (nous dit [p. 23] le P. Boutrais, qui a le texte original de la biographie sous les yeux) ; et enfin le récit du culte rendu à ses restes mortels, et de leurs diverses translations à travers les âges jusqu'au XVIIe siècle, il en conclut naturellement comme nous, comme tout le monde, à l'exception du P. Boutrais, qu'un auteur qui raconte tous ces faits échelonnés du XIIe au XVIIe siècle, ne peut pas avoir été le contemporain d'Ayrald qui vivait au XIIe. D'où il suit que le NUPER du texte au lieu de se rapporter au temps où écrivait le Biographe, se rapporte à celui de la mort d'Ayrald ; et, par conséquent, que Bernard avait été évêque de Belley *peu de temps* avant la mort d'Ayrald, et non *peu de temps* avant celui où écrivait son Biographe.

C'est là précisément ce qui justifie la traduction du chanoine Angley, condamne celle du P. Boutrais, et sert de confirmation aux paroles de dom Le Coulteux soutenant, vers la fin du XVIIe siècle, que la *Biographie* d'Ayral avait été écrite par un auteur alors très récent, *à recentiore quodam auctore scripta.*

Il reste donc bien avéré, pour tout esprit impartial, que le Biographe désigné par le P. Boutrais comme « le premier historien » d'Ayrald, a vécu au XVIIe siècle, et non au XIIe. Oser soutenir le contraire ; ne serait-ce pas fermer volontairement les yeux à la lumière ; ou prendre ses lecteurs pour des aveugles, et prétendre leur en imposer ?

III

Avant de quitter la pseudo-biographie d'Ayrald, il convient de résoudre une objection de mes honorables contradicteurs, au sujet des « invraisemblances » que je lui reproche, d'accord en cela avec dom Le Coulteux, qui la trouvait également farcie d'invraisemblances et, comme telle, indigne de prendre place dans ses Annales cartusiennes :... *sed tot adjunctis veritati parum consonis referta, ut his eam Annalibus inserere minùs æquum duxerimus.* « Quelles sont ces invraisemblances »? nous demande M. Truchet (p. 31). « Il eût été bon d'en indiquer « au moins quelques-unes » ?

Rien n'est plus facile ; et M. Truchet va être satisfait. Sans revenir sur le passage, déjà réfuté par D. Le Coulteux, où il est dit qu'Ayrald vécut à Portes avec dix-sep novices (ce qui est absolument faux puisque, d'après les les statuts de l'Ordre, à l'exception de la Grande-Chartreuse et d'un très petit nombre d'autres, bâties à la porte de certaines grandes villes, ou nommément désignées, aucune maison ne pouvait ou ne devait recevoir plus de douze ou, au *maximum*, de quatorze religieux) ; et sans relever une foule d'autres invraisemblances disséminées çà et là dans la *Biographie* ; qu'il nous suffise de mettre sous les yeux du lecteur, à défaut du texte latin, quelques alinéas de cette biographie traduite presque semblablement en français, par Angley (pages 79, 80) de la *Chronique des Chartreux*, et par M. Truchet (*Hagiologie*, pages 228, 229) des *Éphémérides cartusiennes*. Ils sont un vrai tissu d'invraisemblances et d'erreurs que nous signalerons, en les annotant au passage.

Après avoir dit que, les nombreux devoirs de l'épiscopat privant Ayrald des charmes de la contemplation qu'il avait autrefois goûtés à Portes, — *où nous verrons tout à l'heure qu'il n'avait encore jamais mis les pieds* — il se dérobait, de temps en temps, à l'administration de son diocèse pour aller, dans cette chartreuse, retremper son âme par une méditation plus sérieuse, ils ajoutent : « Il avait coutume de s'y rendre [ou de s'y rencontrer] avec Hugues II, — *or ils n'y ont jamais été ensemble qu'une fois, en 1135,* — évêque de Grenoble, tiré comme lui de cette maison,— *ceci est doublement faux, puisque l'évêque Ayrald de 1135, qui n'avait jamais été chartreux, le P. Boutrais le reconnaît, avait été, selon le même Père Boutrais, tiré du chapitre de chanoines réguliers de Saint-André de Savoie dont il était doyen ; et l'évêque Hugues II avait été tiré de la Grande-Chartreuse dont il était religieux profès, et non de la Chartreuse de Portes. —* « Là, libres de tous soins, et de toute inquiétude, ils « se livraient avec ardeur à la prière et à la pénitence. » — *Le Biographe le dit ; mais qu'en sait-il, puisque personne avant lui, c'est-à-dire avant le XVIIᵉ siècle, n'en avait encore soufflé mot —* ?... « de cette manière... leur « âme s'enflammait tellement de l'amour divin qu'ils ou- « bliaient tout ce qui était au monde, et ne songeaient plus à quitter leur retraite ». *Encore une fois où a-t-il pris tout cela ?* — « Il fallut même plus d'une fois, — « *pas plus une seule fois que plusieurs,* — toute l'auto- « rité du vénérable Bernard » — *autorité sur qui? sur deux évêques vénérables eux-mêmes et qui, peut-être, ne l'avaient jamais vu auparavant ?* — « prieur de Portes, « qui les avait si bien formés à la vertu », — *comment aurait-il pu les former à la vertu, puisque ni l'un ni l'autre n'avait jamais été sous sa direction à Portes ?* — « pour les obliger de retourner à leurs sièges, etc., etc. »

Tout cela n'est-il pas aussi invraisemblable que faux, contradictoire, controuvé, incohérent et ridicule! Et ce sont ces billevesées, rêvées cinq cents ans après Ayrald, et produit de l'imagination surchauffée d'un panégyriste aussi ignorant que maladroit, vivant au xviiᵉ siècle, qu'on prétendrait nous donner pour une histoire authentique et même contemporaine d'Ayrald ! Allons donc !

La seule chose vraie dans ce récit fantastique, et sur laquelle on a bâti tout cet échafaudage, la voici. En 1135, Ayrald, ancien chanoine régulier et alors évêque de Maurienne, et Hugues II, ancien religieux profès de la Grande-Chartreuse et alors évêque de Grenoble, vont ensemble faire une visite à la Chartreuse de Portes, très renommée à cause de la sainteté de ses Moines.

A leur passage près d'Apremont en Bugey, un seigneur du pays, une ancienne connaissance d'Ayrald, Antelme de Bennonce, qui avait fait précédemment une donation à cette chartreuse, vint la confirmer entre leurs mains, en présence de nombreux témoins ecclésiastiques et d'une foule de personnes de tout sexe et de toute condition, accourues pour recevoir la bénédiction des pieux prélats.

Sur ces données, transmises jusqu'à nous par une charte du temps [1] et seules authentiques, notre inventif biogra-

---

[1] Voici cette charte, accompagnée du sommaire dont Le Coulteux la fait précéder. Le tout est extrait du tom. II p. 469 et suiv. de la copie

phe du XVIIe siècle s'évertue, cinq cents ans après Ayrald, à broder, comme sur un canevas, les capricieuses arabesques sorties de son imagination !

de ses *Annales cartusiennes*, conservée à la bibliothèque publique de Grenoble :

Annus Redemptionis 1135 ordine sequitur, Indictione X^a et III^a, quo *Noster* (*) *Hugo* gratianopolitanus et Airaldus Maurianensis Episcopi ad Portarum Cartusiam se conferentes, celebrem suâ præsentiâ confirmarunt donationem Monachis ejusdem loci factam per virum Nobilissimum Richardum de Benuntia. Hic intimo in Portenses cartusicnses affectu propensus, cunctorum quæ apud quamdam villam eidem Cartusiæ propinquam possidebat bonorum dominium eis cessit, solâ fructuum possessione sibi ad tempus reservatâ, quam tamen præfatæ domui jussit sine ulla contradictione transcribendam statim ut ipse vel moreretur, vel sæculum relinqueret, vel Jerosolymam non rediturus pergeret, ut habetur in littcris.

Et ne dando non dare videretur, duodecim denariis censualibus, quibus pisces ad prandium semel in anno Monachis communiter ministrandum emerentur, erga eamdem sese Cartusiam obligavit. Eum porro vel peregrinationem ad Sancta Loca, vel in aliquem religiosum ordinem transitum, consentiente quæ tunc vivebat uxore, meditatum fuisse conjicimus, quod hujusmodi donationem fecerit cunctis monachis et laicis cum magna devotione et lacrymis ab eodem Richardo osculatis, ut litteræ indè confectæ loquuntur quas, in Lectoris curiosi gratiam, hìc subjicimus.

(*) *Noster Hugo*, dit encore ici Le Coulteux parlant de l'évêque de Grenoble Hugues II, dont il fait de nouveau un ancien chartreux, à l'exclusion d'Ayrald, qu'il reconnaît ainsi indirectement, une fois de plus, n'avoir jamais été chartreux avant son épiscopat.

Ayrald et Hugues II vont ensemble, en 1135, visiter une fois, — *une seule ; car on ne voit nulle part, avant le XVIIe siècle, qu'ils y aient été d'autres fois ensemble, ni qu'Ayrald y ait jamais été séparément* — la Chartreuse

« Notum sit cunctis præsentem chartam legentibus Richardum de Benuntia dedisse Deo et Beatæ Mariæ et Portarum Fratibus tam præsentibus quam futuris pro salute animæ suæ et Patris sui et antecessorum suorum quidquid in villa... *(sic)* et appendentiis ejus habebat immobile, sive de paterna successione, sive de sua emptione, vel quacumque acquisitione... *(sic)* absque ulla retentione. »

« Ita scilicet ut quandocumque vel moreretur, vel sæculum relinqueret, vel Jerosolymam non rediturus pergeret, prædicta donatio absque ulla dilatione vel contradictione in dominium præfatorum retinenda, vel donanda cuicumque vellent, seu etiam vendenda. Interim antem concessione et nomine corumdem Fratrum possideret, datis duodecim denariis censualibus, singulis annis in Pentecoste pro investitura. Promisit autem prædictus Richardus, quod filios suos et uxorem eamdem donationem laudare faceret. Et si quid de his quæ infra terminos corumdem Fratrum habentur possidentium concessione legitima acquirere possent, ipse Richardus non interdiceret, sed magis gratum et ratum haberet. De parte antem consanguineorum suorum, nam et illam sicut cætera donavit, promisit se facturum quod cognoscerent episcopi Hugo Gratianopolitanus et Airaldus Maurianensis ; aut si quolibet modo corum concessionem per se vel per amicos suos acquirere possent prædicti Fratres, Richardo placeret. Facta est autem prædicta donatio in manu domini Barnardi prioris, præsentibus cunctis monachis et de laicis quatuor Bonopari, Ainardo, Ungrino, Gerardo, in claustro ecclesiæ superioris, III Nonas Maii *(le 5 mai)* anno ab incarnatione Domini 1135, cunctis monachis et

de Portes ; — *pour notre chroniqueur, s'ils y ont été une fois ensemble, c'est qu'ils avaient coutume d'y aller ainsi.* — Avant d'être évêques, l'un avait été chanoine régulier à Saint-André, l'autre, religieux profès de la Grande-Chartreuse, — *pour lui... s'ils vont visiter la Chartreuse de Portes ; ce doit être parce qu'ils y auront tous deux*

laicis cum magna devotione et lacrymis ab eodem Richardo osculatis. »

« Hæc eadem donatio simili modo repetita est octo Idus ejusdem mensis (*le 8 mai*) in manu præfati prioris, in domo inferiori sub testimonio monachorum ejusdem loci, Barnardi de Porta, Bosonis Procuratoris, Stephani de Chalmeto adhuc novitii, conversorum ; etiam Petri et Ungrini, monachorum Ambroniacensium, Guidonis prioris de Sasiriaco, Otgerii prioris de Sancto-Saturnino ; Militum verò Odonis de Vallibus, Manassæ Lobardi, et Humberti Ruphi. Repetita est autem ipsa die eadem donatio in campo propriæ Corvatæ ejusdem Richardi, inducto in eum prædicto priore, cum supradictis testibus pro investitura ; ubi etiam duodecim denarii censuatiter dandi constituti sunt de quibus suprà dictum est. Nam ante dictum fuerat, ut pro ipsis denariis et investitura pisces semel in anno darentur in refectorio.

« In eodem itaque anno, Antelmus de Benuntia, prædicti Richardi consanguineus, dedit similiter deo et Beatissimæ Mariæ et prædictis Fratribus in manu prænominati prioris, in vestibulo superioris hospitii, quidquid in eadem villa vel appendentiis ejus, tam ipse quam frater ejus Petrus juris habebant libere et absolute sine ulla exceptione ; cujus rei testes sunt Pontius monachus, Boso Procurator, Stephanus de Chalmeto, novitius, Bonuspar et Ainardus conversi ; Petrus Anselmi Miles de Asperomonte, ipsius Antelmi socius. Postea etiam idem Antelmus in strata publica super Asperomonte in manu Episcoporum Hugonis Gratianopolitani et

9

été autrefois religieux sous le vénérable Bernard, alors
prieur de la maison. — Ensuite, s'ils *ont coutume* d'y
aller, ce ne peut-être que *pour s'y livrer aux saints*
exercices de la méditation de la prière et de la pénitence; —
s'ils sont une fois livrés aux douceurs de la contemplation, — *ils doivent naturellement oublier tout ce qui*
est du monde, même leurs diocèses, et ne plus songer à
quitter leur chère solitude. — S'il en est ainsi, — « *il*
aura fallu, plus d'une fois, toute l'autorité du vénérable
Bernard qui les avait si bien formés à la vertu pour les
obliger de retourner à leurs sièges et de reprendre les
fonctions de leur ministère... etc., etc.

Est-ce assez d'inventions fantastiques? Que le lecteur
juge maintenant du reste de la *Biographie* par ce seul
specimen ! Dom Le Coulteux n'avait-il pas mille fois raison
de la répudier comme farcie d'invraisemblances ;... *ad-*

Airaldi Mauriancnsis camdem donationem cum fratre suo
Petro iteravit, et uxorem suam, Sylviam nomine, laudare
fecit, et de laude filiorum suorum, quià ibi non aderant,
Humbertum de Benuntia fidejussorem posuit. Aderant
autem ibidem cum episcopo gratianopolitano Geraudus, Decanus Sti Andreæ, Gontardus Monachus Sti Theuderii, nepos
ipsius episcopi ; et Canonici Petrus Stephani, regularis, et
Magister Othmanus, secularis. Milites quoque Morardus cum
duobus filiis suis jàm grandiusculis Guifredo et Arvino,
Petrus Bruchardi et Falco frater ejus, Petrus quoque de
Meret, Antelmus de Moraco et Petrus Anselmi. Willelmus
quoque Benuntiæ præpositus, et Ungrinus Portarum con-
versus, et plures alii viri pariter et mulieres qui de Asperomonte ad benedictionem Episcorum convenerant. Fuit
etiam ibi, inter plures alias Dominas, uxor Richardi de Benuntia et duo filii ejus Willelmus et Guigo. »

junctis veritati parùm consonis referta? J'espère bien qu'on ne nous demandera plus où sont ces invraisemblances dans la *Biographie* d'Ayrald. On le voit, elles y fourmillent.

Si le bollandiste Papebrock veut (v. ci-devant, p. 71) qu'un historien sérieux refuse de relater comme vrais, dans son récit, des faits anciens, même vraisemblables, quand on ne peut les établir sur des documents anciens et authentiques ; que ne dirait-il pas s'il s'agissait de faits non seulement invraisemblables, mais évidemment faux et controuvés ?

Ce qu'il y a de plus curieux, et je dirai de plus facheux et de plus renversant pour « l'insoutenable hypothèse de deux Ayrald successifs » du P. Boutrais, c'est que l'évêque Ayrald de la charte de 1135, le seul évêque de ce nom qui ait jamais visité la chartreuse de Portes avec Hugues II et, par conséquent, le seul que son pseudo-biographe — qui n'avait pas encore pensé à en faire deux — puisse nous représenter comme étant *coutumier* de visites et de retraites à cette chartreuse, parce qu'il y aurait été chartreux avant de devenir évêque de Maurienne, soit précisément, dans cette hypothèse des deux Ayrald successifs du R^d Père, ce même Ayrald I, évêque de Maurienne de 1132 à 1138, qu'il soutient n'avoir jamais été chartreux avant son épiscopat ; mais avoir été chanoine régulier, archiprêtre et ami de saint Hugues et 30 ans son collaborateur !

Quant à son prétendu Ayrald II, qu'il dit avoir d'abord été chartreux de Portes, avant d'être évêque de Maurienne de 1138 à 1146, période durant laquelle il le fait coutumier de visites à cette Chartreuse avec Hugues II de Grenoble, le R^d Père est dans l'impossibilité de produire un seul document (un de ces documents anciens et authentiques, tels qu'il les faut, selon le P. Papebrock, pour mériter la confiance des historiens) qui nous le montre une fois, une seule, faisant, avec Hugues II de Grenoble, visite et retraite à Portes, durant son épiscopat de 1138 à 1146.

En voilà assez, j'espère, pour forcer dom C. Boutrais à renoncer à son insoutenable hypothèse de deux Ayrald successifs sur le siége épiscopat de Maurienne, entre 1132 et 1146 ; à reconnaître qu'il n'y en a eu qu'un et, par conséquent, que cet unique Ayrald avait été chanoine régulier et non chartreux, avant son épiscopat.

S'il persistait à soutenir l'hypothèse de deux Ayrald, et à soutenir, en même temps, l'authenticité et la véracité de sa *pseudo-biographie* prétendue contemporaine d'Ayrald ; nous le prierions de nous dire comment il s'y prend pour les mettre d'accord, soit entre elles, soit avec la charte authentique de 1135.

Un dernier mot pour en finir, une fois pour toutes, avec cette *pseudo-biographie.*

Au lieu de la publier toute entière, le P. Boutrais n'en a cité que quatre lignes dans sa brochure de 50 pages, sur le B. Ayrald. On ne s'explique pas une pareille sobriété !

Je soutiens que la Biographie d'Ayrald invoquée par le P. Boutrais est apocryphe ; qu'elle a été écrite au XVIIe siècle et non au XIIe ; qu'elle est farcie de détails invraisemblables, faux et controuvés et, enfin, qu'elle porte en elle-même la preuve de tout ce que j'avance.

Le P. Boutrais soutient, de son côté, qu'elle a été écrite au XIIe siècle, d'où il suit pour lui qu'elle est parfaitement authentique et véridique. Or il a, entre les mains, un moyen facile de me réfuter et de me confondre. Il possède seul le prétendu *ancien manuscrit* de cette biographie qu'il ne m'a jamais été donné de voir. Qu'il le publie textuellement et intégralement, en indiquant sa date approximative d'après son écriture, dont nous serions très curieux de voir un petit *fac simile*, comme preuve à l'appui.

Hé bien, je ne crois pas me tromper en affirmant qu'il n'en fera rien... et pour cause.

Je ne sais si la présente réplique appellera une *Réponse.*

Mais je préviens le R^d Père que toute réponse nouvelle qui ne serait pas accompagnée, avec *fac-simile* à l'appui, de la publication intégrale de la *Vie manuscrite* du B. Ayrald qui sert de base à sa thèse, serait considérée, *à priori*, comme un aveu d'impuissance et une défaite.

IV

Le document le plus ancien cité par le R^d Père, à la suite de la pseudo-biographie, est le *Brevis Index*, qu'il dit être « un manuscrit du xvie siècle, ou même du xve », et dans lequel on lit ce passage : *Beatus Ayraldus ex Cartusiano Maurianensis episcopus, miraculis et sanctitate præclarus.*

Admettons qu'il soit des quatre ou cinq dernières années du xve siècle, de 1496, par exemple. Puisque le précédent est du xviie siècle au lieu d'être du xiie, l'auteur le plus ancien invoqué par le P. Boutrais à l'appui de ses assertions, loin d'être « presque contemporain d'Ayrald », est donc, en réalité, postérieur de 350 ans, ou de trois siècles et demi, à la mort du Bienheureux arrivée en 1146 !

Il semble que voilà une lacune qui peut compter ! Que devient donc l'engagement pris avec tant d'assurance par le Rᵈ Père (p. 8) de démontrer, en citant « nombre d'auteurs », que la tradition qui veut qu'Ayrald ait été chartreux avant de devenir évêque de Maurienne « *s'est continuée d'âge en âge et sans interruption* » depuis Ayrald jusqu'à nous ? Hélas, on le voit, il s'évanouit en fumée ; ou si l'on veut, en un silence de mort, pendant les trois siècles et demi qui suivirent immédiatement le décès d'Ayrald.

Les autres textes invoqués par le P. Boutrais étant tous postérieurs au *Brevis Index*, je pourrais m'en tenir là de ma réponse à son engagement si plein d'assurance. Mais j'ai promis d'accompagner de quelques observations et surtout de quelques dates, la plupart des citations qu'il en donne ; et je veux tenir ma promesse.

V

Il est donc temps d'en venir aux citations du Révérend Père, que nous avons résolu d'annoter au passage, en rétablissant leurs dates.

Laissant de côté, soit celles que nous avons citées, discutées et réfutées dans les *Recherches* (pages 336 à 340), soit celles, en petit nombre, que nous ne pouvons contrôler faute d'avoir sous les yeux les sources d'où elles sont tirées, comme l'*Elenchus*.., *virorum illustrium qui ex Eremo*

Portarum prodière ; Ceccaroni (1674); *l'Indiculus* de
Léon Le Vasseur (vers 1680) ; Campanini etc ; nous nous
bornerons à examiner celles dont nous avons pu vérifier
et contrôler les textes, tirés de Chifflet, de la *Gallia Christiana*, de Guichenon, de la thèse Togniet, de Théophile
Raynaud, de dom N. Molin, de Morozzo et de l'inscription
placée sur le tombeau d'Ayrald, dans la cathédrale de
Maurienne.

Tous ces textes portent avec eux des dates dans les documents originaux d'où on les a tirés ; et tous, sans en
excepter un seul, ont subi l'amputation de leurs dates, par
la main ou la plume du R^d Père Boutrais, dans les citations
qu'il en donne ; ce qui nous autorise à supposer que des
amputations et suppressions analogues ont été pratiquées
sur les autres textes, y compris celui du *Brevis Index*, dont
nous n'avons pu vérifier l'intégrité dans leurs auteurs.

L'examen des textes va nous faire toucher du doigt le
motif de ces diverses suppressions et omissions.

1° Le Père CHIFFET s'exprime ainsi : *Bernardus de Por-
tis fuisse quoque asseritur Maurianensis episcopus post
Airaldum cujus obitum anno Christi 1138 adscribunt
Maurianenses. [Meminit certè Airaldi et Bernaldi epis-
coporum Mauriennensium ex monachis Gaufridus Abbas
Altæcumbæ in vita sancti Petri Tarentasiensis episcopi...
et utrumque è Portarum Cartusia assumptum affirmant
Maurianenses]. Videtur ergo Bernardus de Portis fuisse
Maurinensis episcopus ex Bellicensi ab anno 1138 usque
ad annum saltem 1146* [1].

Le P. Boutrais nous donne bien, de ce texte de Chifflet,

---

[1] Préface du *Manuale solitariorum*, tome XXIV, p. 1464-65 de la
Bibliotheca maxima Patrum.

la partie comprise ici entre crochets ; mais il omet les deux autres parties. Ou, en d'autres termes, il veut bien apprendre à ses lecteurs que, selon Chifflet mentionnant Geoffroy, Ayrald et Bernard ont été moines avant de devenir évêques de Maurienne et, de l'avis des Mauriennais, moines de Portes. Mais il omet de leur dire et leur laisse ignorer que les Mauriennais fixent le décès d'Ayrald à l'an 1138 ; date d'où il résulte pour Chifflet que Bernard paraît avoir occupé le siége épiscopal de Maurienne depuis 1138 jusqu'à l'année 1146 au moins.

Ces omissions du P. Boutrais s'expliquent parfaitement ! Que diraient en effet ses lecteurs s'ils le voyaient répéter ici à la suite de Chifflet : 1º que l'évêque Ayrald mort en 1138 avait été tiré de la Chartreuse de Portes, *è Portarum Cartusiâ assumptum*, eux qui l'ont entendu soutenir énergiquement tout-à-l'heure (p. 17) que l'évêque Ayrald mort en 1138, n'avait jamais été chartreux de Portes, ni d'ailleurs, avant son épiscopat ; mais qu'il avait été chanoine régulier, archiprêtre de Saint-Hugues, etc. 2º Que diraient-ils encore s'ils le voyaient répéter que Bernard paraît avoir occupé le siége de Maurienne de 1138 à 1146 ; eux qui l'ont entendu soutenir non moins énergiquement (pages 24-25) que, de 1138 à 1146, le siége épiscopal de Maurienne avait été occupé par son prétendu Ayrald II, tiré de la Chartreuse de Portes ?

2º La même observation, ou une observation analogue, peut s'appliquer à la manière dont le Rd Père cite cette inscription suspendue au-dessus du tombeau d'Ayrald : *Beatus Ayraldus ex Cartusiano ob singularem sanctitatem factus episcopus Maurianensis.* Ici encore il omet, toujours dans le même but, de mentionner la date — 1138 — qui accompagne l'inscription. Or selon M. Truchet (Ha-

giol. p. 236), cette date fixe à l'an 1138 le décès d'Ayrald
que l'inscription dit avoir été chartreux avant son épiscopat ; tandis que, toujours selon le Père Boutrais, l'évêque
Ayrald mort en 1138 aurait été chanoine régulier et non
chartreux avant son épiscopat.

3° La *Gallia christiana* (1re édition, tom. III, p. 692)
s'exprime ainsi au sujet d'Ayrald,dans la liste des Evêques
de Maurienne : *Ayrardus ex monacho et Priore Cartusiæ
Portarum diocesis Lugdunensis doctrina et sanctitate il-
lustris, anno 1145, mortuus anno 1167 in Vità sancti
Petri Tarentasiensis à Gaufrido scripta.*

Le P. Boutrais ne cite, de ce passage, que ces mots:
Ayraldus ex monacho Cartusiæ Portarum. Il omet donc,
et pour cause, 1° le titre de prieur de Portes donné faussement à Ayrald ; 2° la fausse date de son élévation à l'é-
piscopat, (1145) ; 3° la fausse date de sa mort, (1167).

4° Guichenon énumérant, dans son Histoire de Bresse
et Bugey, les religieux de Portes morts en réputation de
sainteté, place Ayrald au 5e rang, après Saint Antelme (qui
devint évêque de Belley vers 1163 et mourut vers 1178).
On lit dans la 2e partie, p. 89 de cette Histoire : [*Ayraldus,
sive Giraldus ex monacho Portarum datus maurianensi-
bus episcopus*] *anno 1145 ; vivere inter mortales desiit,
miraculis et sanctitate præclarus, anno 1167, æternùm
Deo victurus.* Le P. Boutrais, citant ce passage, n'en donne que la partie comprise ici entre crochets. Toujours fidèle à sa tactique intéressée, il pratique sa coupure juste au
point où se présentent les dates qui, cette fois encore, font
durer faussement l'épiscopat d'Ayrald de 1145 à 1167 ; ce
dont il tient à ne pas informer ses lecteurs.

5° Le R^d P. Boutrais dit (page 11) à propos de la thèse

Togniet : « Nous avons vu une thèse [1] dédiée en 1679
« par Jean-François Togniet, de Saint-Jean de Maurienne,
« au B. Ayrald : *Beato principi Heiraldo... ex Cartusia*
« *ad sedem Maurianensis Episcopatus olim evecto* ».

M. Truchet, qui fait mention de la même thèse, (Hagiologie page 327) y a vu quelque chose de plus. « Au-dessus
« de la thèse », dit-il, « est l'image de SAINT AUGUSTIN
« *sous les attributs duquel nous ne savons si l'on*
« *n'aurait point eu l'intention de représenter Ayrald* » !

Sous cette formule discrète et réservée, M. Truchet laisse assez entendre que, dans sa pensée, si le texte de la
thèse (ou mieux de sa dédicace) fait d'Ayrald un chartreux avant son épiscopat, la gravure qui orne le frontispice de la thèse pourrait bien en faire un religieux de saint
Augustin.

Le père Boutrais, lui, a bien vu le texte de la dédicace ;
mais il n'aura pas aperçu la gravure indicatrice, puisqu'il
n'en dit rien.

6° Il cite plus loin, comme tiré du *Trinitas Patriar-
charum* du P. Théophyle Raynaud, le passage suivant :
*Ex Portarum cœnobio Giraldus (quem Alii vocant Ayral-
dum) Maurianensis episcopus.*

Or voici ce que dit le P. Théophile Raynaud dans le
passage en question :

« *Ex eodem Portarum cœnobio Giraldus (quem alii*
« *Ayraldum vocant) datus Maurianensibus episcopus,*
« *eximiâ vir pietate, ab anno 1145 ad 1167* ».

Ici encore le P. Boutrais supprime les dates qui font
toujours durer faussement l'épiscopat d'Ayrald en Maurienne de 1145 à 1167.

---

[1] Il ne subsiste, de cette thèse de 1679, et on n'en aura pu voir
que le frontispice dédicatoire.

7° Dans N. Molin on lit ce passage qui place Ayrald au rang des chartreux devenus évêques : *Maurianensis Ayraldus, Professus domûs Portarum.* Mais, selon M. Truchet (*Hagiol.* p. 236) dom N. Molin assigne à la durée de l'épiscopat d'Ayrald l'intervalle compris entre les années 1143 et 1167 ; et le P. Boutrais, qui cite ce passage de Molin, ne dit toujours rien des dates.

8° Morozzo, dans son *Théâtre chronologique* des chartreux, assigne diverses dates à la fin de l'épiscopat d'Ayrald. Il s'exprime ainsi à la page 41, sous la date de 1146 : *ad sedem Maurianensem gloriosè implendam duo ex cartusiensibus circa hæc tempora deliguntur ; alter Bernadus, Ayraldus alter nomine. Sammarthani volunt Ayraldum durasse ad annum 1146.* (Morozzo ne partage point cet avis, parce que, dit-il, Bernard est déjà désigné comme évêque de Maurienne dans un privilège du roi Conrad daté du 6 janvier 1146)... [*Ambo in celeberrimo Portarum claustro anachoreticæ conversationis posuere tyrocinium et ad infulas rapti*] *præsules notis omnibus absolutos egerunt, testantibus Gaufrido in Vita Sancti Petri Archiepiscopi Tarentas... Guichenonio... Chiffletio...* etc.

D'après ce texte, dont le P. Boutrais cite seulement la partie entre crochets, Morozzo serait d'avis que l'épiscopat d'Ayrald ancien chartreux de Portes ne se serait pas prolongé jusqu'en 1146.

Mais, plus loin, Morozzo mentionne encore quatre fois le même Ayrald évêque de Maurienne, *Ayraldus episcopus Maurianensis* : deux fois, sous la date de 1146 (pages 320, 321), il le range parmi les chartreux élevés à l'épiscopat. Et les deux autres fois, sous la date de 1167 (pages 227, 28 à 31), il le range parmi les chartreux illustres par leur piété. Ce qui indique assez, malgré l'avis contraire émis précédemment qu'il fait, aussi bien que les auteurs dont il invoque le témoignage, Geoffroy, Guichenon, Chifflet, etc, durer l'épiscopat d'Ayrald de 1146 à 1167. Le P. Boutrais, lui, ne fait mention d'aucune date ; il se contente de citer la partie du texte comprise plus haut entre crochets !

M. Truchet nous apprend (*Hagiol.* p. 236) que dom Polycarpe de la Rivière fixe également l'épiscopat d'Ayrald entre 1145 et 1167.

Enfin, nous avons vu (p. 26) que le bollandiste *Henschenius*, dans cette note *A* du prologue de la *Vie* de saint Hugues : ... *Arialdus... ex monacho et Priore Cartusiæ Portarum diocesis Lugdunensis, factus episcopus Maurianensis*] *anno 1145, mortuus anno 1167* [1], assigne les mêmes dates 1145-1167 à la durée de l'épiscopat d'Ayrald ; mais avec cette circonstance aggravante que, à l'instar de la *Gallia christiana* et du martyrologe des chartreux, aussi fautifs l'un que l'autre, il fait d'Ayrald un prieur de la chartreuse de Portes, où nous avons démontré, à la suite de Le Coulteux (*Recherches* p. 337), qu'il n'y avait jamais eu de prieur de ce nom.

Le même *Henschenius* répète les mêmes dates avec la même circonstance aggravante dans cette autre note : *Airardus ex priore Cartusiæ Portarum episcopus* [*Maurianensis*] *anno 1145, mortuus anno 1167 ; cui tunc Bernardus successit* [2].

Le P. Boutrais a certainement, sous la main, tous les auteurs que nous venons de mentionner, même ceux, en petit nombre, qu'il ne cite pas. Il a par conséquent bien lu les dates dont chaque texte est invariablement

---

[1] Bollandistes : 1er avril ; *Vie de saint Hugues* ; prologue, note *A*.

[2] Bolland, 8 mai ; *Vie de saint Pierre de Tarentaise*, note 8.

accompagné dans l'original d'où il est tiré ; mais il est
facile de comprendre pourquoi il les a toutes, sans exception, passées sous silence.

Après avoir épuisé la série de ses citations sans jamais
donner une seule de ces dates, il ajoute (p. 12) : « Nous
« avons pensé qu'il était inutile d'accompagner chaque ci-
« tation de quelques remarques ; le texte parle suffisa-
« ment de lui-même ». Nous l'avons dit : tel n'est point
notre avis.

Il est évident, en effet, que les textes ainsi mutilés « par-
« lent très insuffisamment d'eux-mêmes », et qu'ils auraient
parlé beaucoup plus clairement si on ne les avait pas con-
damnés, en supprimant leurs dates, à taire une partie de
ce qu'ils avaient à dire. Car, sans cette suppression per-
sistante et systématique, le lecteur du P. Boutrais recon-
naîtrait, à première vue, que toutes ces dates sont erronées,
qu'elles sont contredites et convaincues de faux par les
seules véritables dates historiques et authentiques de la
durée de l'épiscopat d'Ayrald : 1132-1146.

En résumé, les témoignages des auteurs cités devaient
démontrer « d'âge en âge et sans interruption » qu'Ayrald
avait été chartreux de Portes avant de devenir évêque de
Maurienne. Or, ces auteurs commencent par garder le
silence le plus absolu pendant les trois ou quatre premiers
siècles qui suivent immédiatement la mort d'Ayrald. Et
quand, plus tard, quelques-uns se mettent à parler, c'est
pour s'accorder tous à démolir, dans une partie de leurs
textes, ce qu'ils ont avancé dans l'autre ; ou tout au moins
à ôter au lecteur, par les erreurs grossières et palpables
de la deuxième partie de leurs textes, toute la confiance
qu'il aurait pu avoir dans la première partie.

Une telle persistance à répéter les mêmes erreurs

prouve deux choses : la première, c'est que ces auteurs tous tard venus, *recentiores*, se sont copiés successivement et servilement les uns les autres ; la deuxième, c'est que, fussent-ils cent ou mille de cette espèce, au lieu de quinze ou vingt, la valeur de leur témoignage n'en serait pas augmentée. C'est le cas de dire, ou jamais ; *non numerandi, sed ponderandi.*

VI

A propos de nombre, qu'il nous soit permis de répondre ici à une observation du P. Boutrais.

Après avoir cité (on sait maintenant avec quelle exactitude) « nombre d'auteurs » qu'il suppose favorables à son système, il croit m'accabler en disant (p. 47 et suiv.) qu'un *seul auteur*, Tromby, écrivain chartreux du xviiie siècle, est favorable à ma thèse, — *le R. Père se plaît donc à oublier ici : saint Hugues de Grenoble, Guigues-le-Chartreux, le Cartulaire de Portes et Geoffroi d'Hautecombe, tous du XIIe siècle, et tous témoins irrécusables en faveur de ma thèse et contre la sienne* — et que, malgré cela, il comprend que je ne veuille pas « le reconnaître pour un des miens ».

En effet, d'après le témoignage de Tromby, Ayrald, évêque de Maurienne en 1134, serait bien le même personnage que cet archiprêtre et collaborateur de saint

Hugues dont Guigues-le-Chartreux fait mention dans sa *Vie de saint Hugues* ; Ayrald se serait démis de son siège en 1145 pour se faire chartreux à Portes, où il serait mort en 1167 ; il aurait eu pour successeur, sur le siège épiscopal de Maurienne, un chartreux nommé Guy.

J'avais lu tout cela dans Tromby. Cet auteur est dans le vrai quand il parle de l'état de vie d'Ayrald avant son épiscopat. Mais, outre une erreur de personne au sujet de son successeur, il commet, sur la durée de la vie et de l'épiscopat d'Ayrald, des erreurs de dates tout aussi grossières que celles des auteurs invoqués par le P. Boutrais. Repoussant donc le témoignage erroné de Tromby au sujet des dates (que je n'aurais certainement pas supprimées si j'avais eu à le citer) ; je ne pouvais plus invoquer ce témoignage, même véridique, au sujet de l'état de vie d'Ayrald avant son épiscopat. Et voilà un des motifs pour lesquels je me serais bien gardé de l'invoquer.

Le P. Boutrais me rend donc parfaitement justice quand, après avoir mis en relief les erreurs de Tromby, il ajoute, comme conclusion : « Nous comprenons pourquoi l'auteur des *Recherches* ne veut pas reconnaître Tromby pour un des siens. »

Mais, ce qui est vraiment étrange, c'est que le P. Boutrais, qui comprend si bien pourquoi les erreurs grossières de Tromby m'empêchent « de le reconnaître pour l'un des miens », ne comprenne plus que les erreurs, non moins grossières, des nombreux auteurs dont il invoque le témoignage à l'appui de sa thèse, devraient l'empêcher aussi « de les reconnaître pour siens ».

Il est vrai que, en les citant, il a soin d'en dissimuler les dates accusatrices ; mais... le jeu est dangereux ; et il se trouve toujours quelqu'un pour les révéler à point nommé... comme aujourd'hui !

Je dois le reconnaître, pourtant, si les erreurs de Tromby suffisaient pour m'empêcher d'invoquer son témoignage ; le principal motif pour lequel je l'ai récusé n'est pas là ; il est ailleurs. J'avais dit en effet maintes fois, dans les *Recherches* (p. 332, 338, 343, 354) ; j'ai répété souvent au cours de cette *Réplique*, et je répète encore ici que je tenais absolument à n'invoquer, en faveur de ma thèse, que des auteurs du xiie siècle, et par conséquent contemporains des faits.

Ces auteurs s'appellent, on l'a vu : SAINT HUGUES, dans vingt chartes de ses cartulaires ; GUIGUES-LE-CHARTREUX, dans le prologue et le chapitre IV de la *Vie de saint Hugues* ; L'AUTEUR, anonyme, de la charte de Portes de 1135, et GEOFFROI, abbé d'Hautecombe, dans sa *Vie de Saint-Pierre de Tarentaise*.

Il est vrai que le P. Boutrais aussi, de son côté, nous dit avoir mis la main sur un auteur du xiie siècle. Mais la fatalité veut : 1° que cet auteur soit du xviie siècle, c'est-à-dire postérieur de 500 ans au B. Ayrald, au lieu d'être son contemporain ; 2° que son œuvre soit farcie d'invraisemblances, *adjunctis veritati parùm consonis referta*, selon les expressions topiques de dom C. Le Coulteux !

VII

Encore un mot, avant d'en finir avec les auteurs cités par le P. Boutrais.

Après nous avoir prévenus (p. 12) qu'il juge « inutile « d'accompagner chaque citation de quelques remarques »,

Il ajoute qu'il croit cependant « devoir, pour un motif spé-
« cial, faire une exception en faveur de dom N. Molin,
« et s'arrêter un peu sur le témoignage de ce Père de
« l'*Histoire cartusienne* ».

Nous avons vu (p. 71) qu'il cite en effet, de D. Molin,
ce passage classant Ayrald parmi les chartreux devenus
évêques : *Mauriannensis Ayraldus*, *professus domûs
Portarum ;* mais qu'il a soin, sans doute aussi « pour
un motif spécial », d'en passer les dates sous silence !
Que le P. Boutrais ait supprimé toutes les dates données
par les auteurs dont il ne voulait pas « accompagner les
citations de quelques remarques », cela se conçoit, si cela
ne s'excuse pas. Mais conçoit-on que, voulant « faire une
exception en faveur de dom N. Molin, et s'arrêter un peu
sur son témoignage » il en vienne jusqu'à supprimer aussi
les dates (1145-1167) faussement assignées par cet auteur
à la durée de l'épiscopat d'Ayrald ? Est-ce bien là discuter
sérieusement ?

Suivons-le, toutefois, dans son exception telle qu'elle en
faveur de Dom N. Molin, et tàchons d'examiner, avec lui,
ce que vaut le témoignage de ce chroniqueur.

En citant moi-même (*Recherches*, p. 339) l'*Histoire
cartusienne* de D. Molin, dont il ne m'avait été donné de
voir le manuscrit que pendant quelques instants, je disais,
d'accord en cela avec le regretté M. Burnier (*Chartreuse
de saint Hugon*, p. 141) qu'elle avait été composée entre
1601 et 1638. Dom Le Coulteux, dans une lettre écrite
au Bollandiste Papebrock le 10 décembre 1691, affirme,
si toutefois c'est bien cette histoire qu'il vise, qu'elle avait
été composée au moins 70 ans auparavant ; ce qui repor-
terait sa composition de 1610 à 1620 environ.

Le P. Boutrais, toujours tenté de vieillir ses autorités,

10

veut, je ne sais sur quels indices, qu'elle ait été composée entre 1590 et 1593 ; c'est-à-dire vingt ou vingt-cinq ans plus tôt ; soit.

Mais, fussions-nous d'accord sur cette légère différence de date, d'ailleurs de peu d'importance dans la question, que l'accord entre nous ne serait pas de longue durée. Il cesserait dès le moment où nous aurions à apprécier la valeur historique du témoignage de D. Molin, qualifié solennellement par lui du titre de « Père de l'*histoire cartusienne* ».

Si tel est, en réalité, le Père de l'*histoire cartusienne*, il ne faut plus s'étonner des nombreux faux premiers pas de sa fille. Ecoutons, là-dessus, D. Le Coulteux, le grand annaliste de son Ordre.

Dans sa lettre si impartiale et si franche de 1691 mentionnée plus haut, il écrit au Bollandiste Papebrock, entre autres choses, ce passage, déjà cité plus longuement ci-devant p. 34 :

« Le P. Théophile Raynaud... a composé son petit traité (*Du Stylite mystique*) d'après certains manuscrits, et surtout d'après un énorme volume renfermant l'histoire de notre ordre, écrite il y a plus de 70 ans ; mais fourmillant partout d'erreurs, dans lesquelles est parfois tombé Théophile Raynaud, sur la foi de l'auteur... *Suum istum tractatulum (de Stylità mystico) Raynaudus, cartusiensium amantissimus, in nostri gratiam compegit ex quibusdam manuscpritis et præsertim ex quodam codice crassissimo historiam nostri Ordinis ante annos septuaginta scriptam, complectente,* SED UBIQUE SCATENTE ERRORIBUS, *in quos et ipse, auctoris fidem secutus, aliquando impegit.*

Cet énorme volume contenant l'*Histoire des Chartreux*

écrite 70 ans au moins avant 1691, et fourmillant partout
d'erreurs, *ubique scatens erroribus* ne peut être que
l'histoire cartusienne, *Historia cartusianna* de Dom N.
Molin [1], énorme volume manuscrit de 1074 pages in-folio,
aujourd'hui encore conservé à la Grande-Chartreuse.

La lettre de Dom Le Coulteux, citée par Daniel Papebrock,
nous donne la mesure de la confiance que leur inspirait
à tous deux, et que doit nous inspirer à nous-mêmes,
l'*Histoire cartusienne* de Dom N. Molin, le seul auteur
en faveur duquel le P. Boutrais ait tenu « pour un motif
« spécial » à faire des remarques dont il jugeait « inu-
« tile d'accompagner les citations » des autres nombreux
auteurs invoqués par lui (toujours avec suppression des
dates) à l'appui de sa thèse, ou mieux de son « insoute-
« nable hypothèse ».

Il faut avouer qu'elle ne recevra pas un grand secours
de l'exception faite en faveur du témoignage de Dom N.
Molin ; non point, sans doute, que tout soit faux et erroné,
dans cet historien ; mais la vérité y est si souvent mêlée
à l'erreur, que son témoignage, avant d'être admis en
preuve, a besoin d'être sérieusement discuté et contrôlé.

---

[1] Si, par hasard, nous étions dans l'erreur à ce sujet, le P. Boutrais voudrait bien nous éclairer : et nous dire quel pourrait être,
alors, cet autre énorme volume d'histoire cartusienne fourmillant
partout d'erreurs, visé ici par le P. Le Coulteux.

Pour terminer, nous laisserons au R^d Père Boutrais, comme argument final, un dilemme auquel je doute qu'il trouve à répondre rien de sérieux. En effet ; Ayrald, évêque de Maurienne en 1135 et 1136, n'avait encore jamais été chartreux auparavant, selon le témoignage formel et réitré de Guigues-le-Chartreux, qui écrivait alors la *Vie* de saint Hugues de Grenoble. Il avait seulement été chanoine régulier, doyen de Saint-André de Savoie ou archiprêtre de Saint-Hugues, selon le témoignage combiné et irrécusable du même Guigues-le-Chartreux et des Cartulaires de Saint-Hugues.

Une charte authentique de Portes, de 1135, nous montre le même Ayrald, évêque de Maurienne, présent, cette année là, à la Chartreuse de Portes, avec Huges II alors évêque de Grenoble.

Tout cela étant posé et admis comme incontestable, voici mon dilemme :

Ou il y a eu, en Maurienne, *un seul* évêque du nom d'Ayral entre 1132 et 1146 ; ou il y en a eu deux.

S'il n'y en eu qu'un (comme le soutient avec moi M. Truchet) puisque cet unique Ayrald n'avait encore jamais été chartreux de Portes avant 1135-1136 ; il est bien évident qu'il ne l'avait pas été non plus avant 1132, date de sa promotion à l'épiscopat. Il avait été seulement chanoine régulier... etc.

S'il y en avait eu *deux* (comme le veut contre nous le P. Boutrais), l'un, Ayrald I, aurait été évêque de Maurienne de 1132 à 1138, et l'autre, Ayral II, aurait été évêque de 1138 à 1146.

Or cet Ayrald I évêque de 1132 à1138 est évidemment bien le même qui 1° selon le témoignage de Guigues-le-Chartreux, son contemporain et son ami, écrivant en 1134 et 1136, n'avait jamais été chartreux avant son épiscopat, mais avait été chanoine régulier... etc ; le même qui 2° selon le témoignage d'une charte de 1135 est allé faire, cette année là, une visite à la Chartreuse de Portes avec Hugues II, alors évêque de Grenoble.

Quand à son prétendu Ayrald II, dont le R^d Père veut faire un chartreux avant son épiscopat, qu'il nous le montre donc, non point par une simple affirmation sans preuve, et par là même sans valeur ; mais au moyen d'un texte contemporain, authentique et précis comme les nôtres, qu'il nous le montre présent, ne fut-ce qu'une minute, à la Chartreuse de Portes, soit avant ou après ou durant son épiscopat de 1138 à 1146 ; soit comme chartreux profès ou simplement affilié ou assimilé ; soit seul ou en compagnie de Hugues II ou de tout autre personnage.

Et s'il lui est impossible de le faire, qu'il renonce donc, une fois pour toutes, à son insoutenable hypothèse de deux Ayrald successifs dont le premier aurait été chanoine régulier avant son épiscopat et l'autre, chartreux, avant le sien ; et qu'il reconnaisse avec nous, d'accord avec de nombreux documents du XIIe siècle,que l'unique Ayrald évêque de Maurienne entre 1132 et 1146, avait été chanoine régulier et non chartreux avant son épiscopat ; et enfin, que s'il est devenu, une fois ou une autre,chartreux de Portes, (comme profès ou comme assimilé) c'est *durant* ou *après*, mais non *avant* son épiscopat.

Arrêtons-nous là.

J'ai essayé d'éclaircir, sinon tous les doutes de mes honorables contradicteurs, du moins les plus saillants, et de résoudre toutes leurs principales objections. Y aurai-je réussi ? Le lecteur en jugera.

Toutefois, je reste à leur disposition, pour résoudre les difficultés omises, s'il y en a, et répondre à toutes les difficultés nouvelles qu'il leur conviendrait de soulever au sujet de l'état de vie du B. Ayrald, avant son épiscopat.

Mais j'incline à croire que la cause est finie et bien finie ; et que, tous ensemble, nous adopterons désormais comme thèse historique parfaitement démontrée les conclusions suivantes.

CONCLUSIONS

1° Il n'y a eu qu'un seul Ayrald sur le siège épiscopal de Maurienne entre 1132 et 1146.

2° L'hypothèse de deux Ayrald successifs sur le siège de Maurienne, dans ce laps de temps, est fausse et « ab-« solument insoutenable ».

3° Ayrald, évêque de Maurienne de 1132 à 1146, n'avait jamais été chartreux avant son épiscopat.

4° Il avait été chanoine régulier et doyen du Décanat de Saint-André de Savoie, ou archiprêtre de Saint-Hugues de Grenoble, et 30 ans son collaborateur en cette qualité.

Nota : Les quatre propositions précédentes sont démontrées par des textes et documents clairs, précis, authentiques, tous du xiie siècle ou contemporains des faits, et par conséquent irréfutables.

5° L'évêque Ayrald de 1132 à 1146 est bien le même qui a toujours été honoré d'un culte spécial en Maurienne, et qui a été canoniquement mis au rang des bienheureux par Pie IX.

6° Le B. Ayrald ayant été 30 ans le chef du décanat de Savoie, qui est devenu le noyau et le centre du diocèse de Chambéry, a des droits particuliers à notre reconnaissances et à nos hommages.

7° Ayrald, *après* son élévation à l'épiscopat, a été, un moment ou un autre, moine de Portes.

8° L'a-t-il été en qualité de véritable moine *profès*, ou en celle de simple moine *assimilé* ou *affilié?* — *Adhuc sub-judice lis est.* — Mais les arguments divers allégués par ses auteurs, en faveur de la deuxième hypothèse, paraissent lui assurer un assez fort degré de probabilité et de vraisemblance.

Protestation.

Je ne terminerai point sans déclarer que j'abandonne le présent *Mémoire* au jugement de mes supérieurs ecclésiastiques de tout rang ; protestant d'avance, une fois pour toutes, de ma plus entière et plus respectueuse soumission à tout ce qu'ils croiraient devoir reprendre et corriger, s'il y avait lieu, dans cet écrit, aussi bien que dans mes écrits antérieurs, et dans ceux qui pourraient encore les suivre.

TABLE DES MATIÈRES

— Papebrock veut qu'un historien refuse de donner comme
V. Selon le P. Boutrais, Ayrald fut tiré de Portes et promu
à l'épiscopat vers l'âge de 50 ans ; selon le chanoine Angley, Ayrald était entré à Portes à l'âge des plaisirs (de 18
ou 20 à 30 ans). Il y aurait donc passé au moins 20 ans

V. Des autres textes, plus modernes, cités en faveur de sa thèse, il en est huit que j'ai pu vérifier et contrôler : ceux du Père Chifflet, de l'inscription placée sur le tombeau d'Ayrald, de la *Gallia christiana*, de Guichenon, de la thèse de Togniet, du P. Théophile Raynaud et des PP. chartreux dom N. Molin et dom Morozzo. Tous ces textes sans exception, portent avec eux des dates qui sont évidemment fausses et leur ôtent toute valeur. En citant ces textes, le P. Boutrais a supprimé invariablement leurs dates, qui le gènent. Il n'est pas téméraire de supposer qu'il en a fait autant pour les textes des quelques auteurs que je n'ai pu vérifier : l'*Elenchus virorum*, Ceccroni (1674), l'*Indiculus* de Le Vasseur (1680), et Campanini. Les textes ainsi mutilés systématiquement de leurs dates ne « parlent plus

Erratum : page 106, note I.

Au lieu de : CIBRARIO, *Documenti*, p. 294.
Lisez :   —   —   p. 337.

Imprimerie Chatelain, Avenue du Champ de Mars, 4, Chambéry.

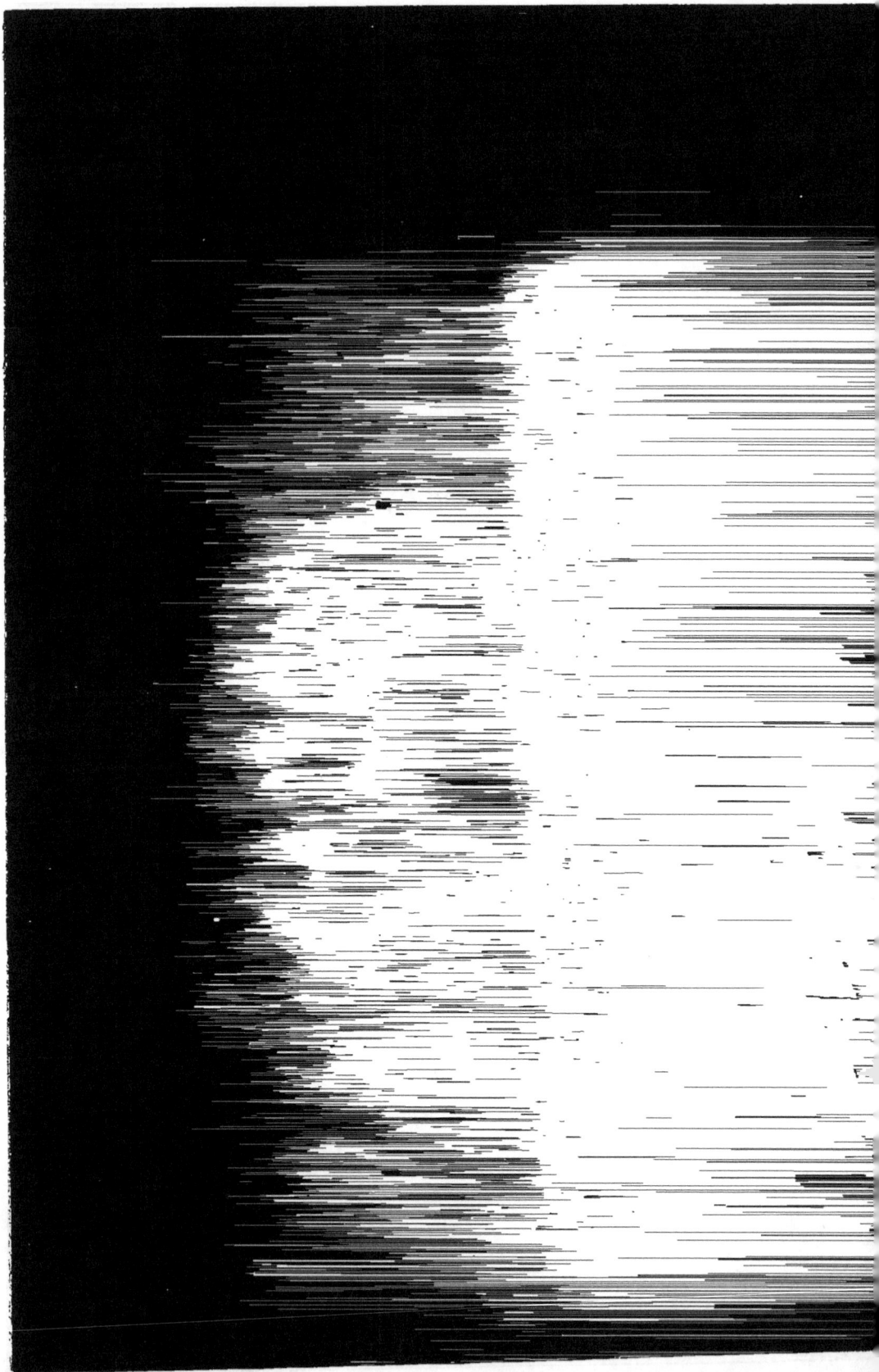

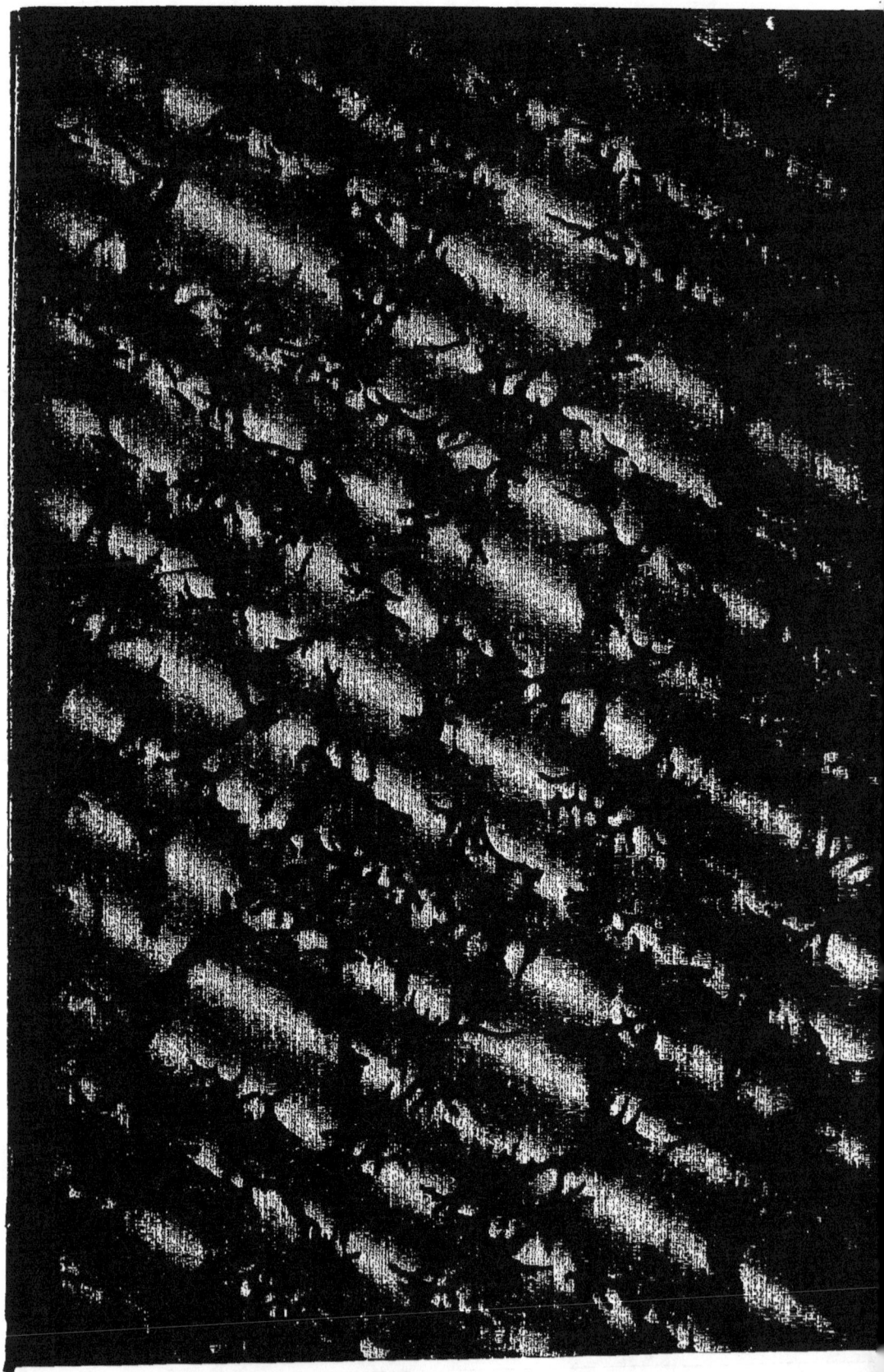

www.ingramcontent.com/pod-product-compliance
Lightning Source LLC
Chambersburg PA
CBHW072040090426
42733CB00032B/2046